Martin Hambrecht · Ja zu mir – Ja zum Leben

Martin Hambrecht

Ja zu mir – Ja zum Leben

Seelisch gesund werden und bleiben

Kösel-Verlag München

CIP-Kurztitelaufnahme der Deutschen Bibliothek

Hambrecht, Martin:
Ja zu mir – Ja zum Leben : seel. gesund werden
u. bleiben / Martin Hambrecht. – München :
Kösel, 1986.
ISBN 3-466-34149-3

Gesamtherstellung: Kösel, Kempten.
Umschlag: Günther Oberhauser, München, unter Verwendung eines
Fotos von Lothar Nahler, Hillesheim.
ISBN 3-466-34149-3

Inhalt

Vorwort 7

1 Die Kernfrage: Zu mir stehen 9

2 Unser Selbstbild: Der Blick in den Spiegel 17

3 Mangel: Vom gemütlichen Elend in die Krise 35

4 Neue Erfahrungen: Wann, wenn nicht jetzt? 49

5 Lebenshaltung: Eine Frage der Einstellung 64

6 Gefühle: Panzerschrank oder Bauchladen? 73

7 Rückzug: Zurück ins Schneckenhaus 84

8 Lebenskampf: Der Körper als Schlachtfeld 92

9 Partnerschaft: Das Lebensspiel für zwei 104

10 Kinder und Eltern: Wie die Alten sungen ... 124

11 Glaube: Der Mensch lebt nicht von Brot allein 135

Literatur 149

Vorwort

Der glückliche Wilde auf seiner paradiesischen Insel liest keine Bücher über Psychologie. In natürlicher Selbstverständlichkeit lebt er im Einklang mit seiner Umwelt und den eigenen Impulsen. Diese Unschuld ist uns mit der Zivilisation verloren gegangen. Das naive Glück verkam zum Klischee der Groschenromane. Unser Leben wurde kompliziert und von Selbstzweifeln zerschnitten.

Philosophen und Tiefenpsychologen haben es uns nicht leichter gemacht, glücklich und unbeschwert zu leben. Die seelische und soziale Wirklichkeit scheint endlos kompliziert zu sein. Dennoch möchte ich dieses Buch auf zwei einfache Wahrheiten gründen. Diese beiden Lernziele sind Lebensaufgaben, die aus meiner Sicht seelische Gesundheit ermöglichen:

1. Ich nehme mich so an, wie ich bin.
2. Ich übernehme Verantwortung für mich und mein Handeln.

In diesem Buch geht es darum, was solche Selbstachtung und Selbstverantwortung behindert und wie wir – immer wieder aufs Neue – diesen Zielen näherkommen können.

Nach meiner Erfahrung sind dies auch die Grundpfeiler, auf denen die »Lebensschule« der Psychosomatischen Klinik Bad Herrenalb ruht, wie ich sie in meinem Buch »Das Leben neu beginnen«* beschrieben habe. Während dort jedoch der seelisch bzw. körperlich erkrankte Mensch im Mittelpunkt steht, werden in diesem Buch nun Hilfen für all jene angeboten, die zwar an ihrem Leben nicht leiden, aber dennoch mehr Zufriedenheit und Selbstverwirklichung suchen. Wer hier den richtigen Weg einschlägt, kann Krisen leichter abfangen. Selbstachtung und Selbst-

* Zu allen im Text erwähnten Buchtiteln siehe das Literaturverzeichnis am Schluß.

verantwortung, verwirklicht durch viele kleine Schritte im Alltag, können letztendlich auch psychosomatischen Störungen, Süchten und Depressionen vorbeugen.
Zu einigen Kapiteln dieses Buches werden kleine praktische Übungen vorgeschlagen. Vieles kann durch derartige eigene Erfahrungen anschaulicher vermittelt werden als durch Texte und Beispiele. Wer sich auf die Übungen einläßt, kann das Gelesene leichter in die eigene Lebenswirklichkeit übersetzen. Es lohnt also, sich die Zeit dafür zu nehmen.
Mein Dank gilt an dieser Stelle den Teilnehmern meiner Kurse und den Patienten, denen ich im Krankenhaus begegnete. Ihr Vertrauen und ihre Offenheit taten mir gut, regten mich an und ermöglichten mir neue Einsichten. Danken möchte ich meinen Freunden, mit denen ich Themen dieses Buches besprechen konnte und schließlich auch der »Lebensschule« der Psychosomatischen Klinik Bad Herrenalb, in der letztlich vieles seinen Ursprung hatte.

Mannheim, im Januar 1986 Martin Hambrecht

1 Die Kernfrage: Zu mir stehen

Jeder hat es schon einmal erlebt: Wir konnten ein Ziel, das wir uns gesetzt hatten, nicht erreichen. Eine Arbeit wurde nicht rechtzeitig fertig, ein tropfender Wasserhahn ließ sich nicht reparieren, eine alte Bekannte, die wir gern wieder einmal treffen wollten, zeigte uns die kalte Schulter, auf ein Bewerbungsschreiben erhielten wir nicht einmal eine Antwort.

Nach solchen Enttäuschungen steigen Selbstzweifel in uns auf. Vor allem wenn wir ehrgeizig um einen Erfolg gerungen haben, kratzt eine »Niederlage« ganz empfindlich an unserem seelischen Verputz.

Wie leicht man durch Enttäuschungen in eine Depression hineinrutschen kann, habe ich vor einigen Jahren in der Psychosomatischen Klinik Bad Herrenalb selbst erfahren. Als Praktikant fühlte ich mich dort zwischen allen Stühlen sitzend: Ich war kein richtiger Therapeut und kein wirklich Kranker. So meinte ich, meinen Aufenthalt rechtfertigen zu sollen. Um von allen Seiten Anerkennung zu gewinnen, rackerte ich mich von früh bis spät ab. Ich war überall und nirgends, hatte tausend Aufgaben, mischte hier und da ein bißchen mit. Zunächst war das aufregend, und ich genoß die Aufmerksamkeit, die mir geschenkt wurde.

Um so einsamer fühlte ich mich dann aber, als die anderen sich an mich gewöhnt hatten und meine Hilfen als selbstverständlich hinnahmen. Nun vermißte ich die Selbstbestätigung und kam zu der schmerzlichen Einsicht, daß ich über der ganzen Schafferei kaum tiefere persönliche Beziehungen zu anderen Menschen in dieser Gemeinschaft entwickelt hatte. Als ich meine wenigen Kontakte nach einigen Wochen verlor, weil die anderen nach ihrem Aufenthalt wieder nach Hause fuhren, fiel ich in ein Loch der Erschöpfung und Unzufriedenheit. Zuerst richtete ich meinen Unwillen aber auf die anderen, und ich wurde zum überkritischen

Miesepeter. Bei jeder Gelegenheit bohrte ich meinen »therapeutischen Zeigefinger« in die Wunden der anderen, statt bei mir selbst anzufangen. Es war schmerzlich, mir einzugestehen, daß ich mit mir selbst nur zufrieden sein konnte, wenn ich von anderen gelobt und anerkannt wurde. Es fiel mir schwer, mich selbst zu achten und zu akzeptieren, ohne etwas zu leisten.

Diese eigene Erfahrung macht auch deutlich, wie jemand, der mit sich selbst nicht im Reinen ist, zu einer Qual für andere werden kann. Unsere Selbstachtung bestimmt nämlich, wie wir unseren Mitmenschen entgegentreten. Das Beispiel zeigt aber auch, wie zentral die Selbstachtung für unser eigenes Wohlergehen ist: Kann ich mich selbst so annehmen, wie ich bin? Kann ich mich mit meinen Bedürfnissen akzeptieren? Fühle ich mich berechtigt, zu einer Gemeinschaft zu gehören, mit anderen Menschen zusammen zu sein, ohne mich durch Leistung legitimieren zu müssen?

Sicher wäre es nicht erstrebenswert, immerzu und bei jeder Gelegenheit von sich selbst nur in den höchsten Tönen zu denken und zu reden. Diese überzogene Eigensucht wäre vielmehr ein Wahn, mit dem wir uns selbst und unseren Mitmenschen Schaden zufügten. Vertrauter ist uns aber das andere Extrem: Wenn wir nach Mißerfolgen und Enttäuschungen in eine Krise geraten, uns selbst nicht mehr mögen, nicht mehr zu uns stehen können und uns nichts mehr trauen. Dann fühlen wir uns klein und hilflos, vielleicht sogar als Mensch wertlos oder schlecht.

Irgendwie gelingt es uns meist, wieder festen Boden unter die Füße zu bekommen. Wir schütten einem Menschen mit offenem Ohr unser Herz aus oder wir jammern so lange, bis uns ein lieber Mitmensch tröstet.

Manchmal mogeln wir uns aber auch dadurch aus der Krise, daß wir geschwind eine neue Aufgabe anpacken, um durch einen neuen Erfolg unseren Selbstwert wieder aufzupolieren. Solche Tricks funktionieren nicht immer. Vor allem versagen sie, wenn solch ein Kniff zur dauernden »Notlösung« wird. Denn eigentlich geht es ja um den Kern unserer Person, um unsere Selbst-

achtung, ohne die wir nicht wirklich leben, sondern nur vegetieren könnten.
Wenn ich zu mir stehe, wie ich bin, dann glückt vieles in meinem Leben fast von allein: Ich traue mich, auf Menschen zuzugehen, die mich interessieren oder deren Hilfe ich brauche. Ich suche und finde die richtigen Aufgaben, die weder zu schwer noch zu leicht für mich sind. Meine Mitmenschen suchen den Umgang mit mir – denn jeder ist gern mit einem zufriedenen, selbstbewußten Menschen zusammen. (Daß dazu immer auch eine Portion Verantwortungsgefühl gehört, wird weiter unten noch auszuführen sein.)
Wie sehr Selbstachtung und Achtung vor dem Mitmenschen zusammengehören, wird auch in einer biblischen Aufforderung deutlich, die wir alle kennen: »Liebe deinen Nächsten wie dich selbst!« Die doppelte Bedeutung dieses Satzes wird leider oft übersehen, indem man nur die Nächstenliebe darin hervorhebt. Mit dem biblischen Gebot wird aber auch ausgedrückt, daß meine Selbstachtung eine Vorbedingung für die Zuwendung zum Mitmenschen ist. Wer sich selbst nicht liebt, wird sich seinem Nächsten nur unterwürfig und abhängig oder kritisch und nörgelnd nähern, wie es in meinem Beispiel geschildert wurde.
Die Selbstachtung ist also der wichtigste Teil unseres Selbstbildes, denn sie beeinflußt, wie wir uns überhaupt sehen. Dieser gefühlsmäßige Anteil färbt unsere innere Landschaft ganz und gar: mitunter grau in grau, dann aber wieder in kräftigen, leuchtenden Farben oder in zarten Pastelltönen. Vor allem die Gesprächspsychotherapie nach ihrem Begründer Carl Rogers hat das Selbstbild des Klienten (oft auch »Selbstkonzept« genannt) in den Mittelpunkt ihrer Bemühungen gerückt. Das Selbstbild ist im Grunde jedoch der wichtigste Gegenstand jeglicher Psychotherapie. Eine stabile, wachsende Selbstachtung würde wohl jeder Therapeut für seinen Patienten erstreben. Das folgende Kapitel wird deshalb ausführlich vom Selbstbild, seiner Entstehung und seinen Wirkungen handeln.
Prüfen können wir unsere Selbstachtung daran, in welchem Maße wir unsere Gefühle und Bedürfnisse akzeptieren können, inwie-

weit wir uns mit all unseren Wünschen und Begierden annehmen können. Dabei müssen wir aber auch bereit sein, Verantwortung für unsere Bedürfnisse zu übernehmen und jeweils zu entscheiden, was wir uns selbst und unserer Umwelt zumuten können.
Ein zweites Ziel einer guten Psychotherapie sollte daher sein, daß der Patient sein Leben verantwortlich in die Hand nimmt. (Dies ist aber auch eine Aufgabe, mit der jeder Mensch fast täglich zu ringen hat.) Zwei Beispiele aus der Klinik mögen diese Übernahme von Verantwortung für das eigene Handeln verdeutlichen.
Für Lothar, der schwer depressiv war und mit 31 Jahren noch bei seinen Eltern lebte, ging es zuerst darum, eine eigene Wohnung zu finden, selbst einkaufen zu gehen und sich neu einzukleiden. Seine Verwahrlosung und seine Flucht in die passive Abhängigkeit von den Eltern waren Symptome einer tiefen Angst vor Verantwortung für sich selbst.
Heide, die während ihrer Tablettensucht ihre Familie vernachlässigt hatte, übernahm Verantwortung, indem sie mit ihren Kindern und ihrem Mann einen neuen Anfang versuchte. Sie mußte lernen, die Konsequenzen ihres Handelns einzukalkulieren, die Folgen ihrer Fehler zu tragen und ihre Lebensprobleme aktiv anzugehen. Für Heide war es wichtig, daß sie nicht in neuerliche Depressionen verfiel, als ihr klar wurde, wie schlimm sie ihrer Familie in ihrer Sucht zugesetzt hatte. Bitteren Wahrheiten mußte sie ins Gesicht sehen. Doch brauchte sie sich, wie ihr Therapeut ihr vermittelte, nicht das Büßerhemd überzustreifen. Niemandem hätte es geholfen, wenn Heide sich nun in Wehklagen über ihre eigene moralische Schlechtigkeit zurückgezogen hätte. Ihre neuen Bemühungen waren »Sühne« genug.
Ich übernehme Verantwortung, indem ich Schuldvorwürfe gegen mich und andere bleiben lasse, meine Augen öffne und mich selbst zuständig fühle, jetzt etwas an meinen großen und kleinen Problemen zu ändern. Als autonomer Mensch erlebe ich mich als den Urheber meiner Handlungen und nicht als kontrolliert und gesteuert von außen. Meine Autonomie stellt aber auch das genaue Gegenteil von willkürlichem Verhalten dar, denn das

hieße, einfach zu tun, wozu ich gerade Lust habe. Autonomie bedeutet für mich immer Selbständigkeit in Verantwortlichkeit.

In der heutigen Zeit wird es uns nicht leicht gemacht, so zu denken. Wir haben gelernt, nach Spezialisten, nach Institutionen, nach dem Staat zu rufen, die uns Verantwortung abnehmen sollen. Immerzu wollen wir uns rückversichern. Eltern gehen zur Erziehungsberatung, und wenn Mäxchen dann auch nicht spurt, können sie es wenigstens auf den Psychologen dort schieben. Mancher bucht eine »Abenteuerreise« und sichert sich zugleich mit hundert Versicherungspolicen gegen alle Risiken der Fahrt ab. Den alten Mann, der auf der Straße zusammengebrochen ist, lassen die neugierigen Gaffer liegen, bis die Sanitäter kommen – ein Beispiel, das drastisch zeigt, wohin diese Mentalität eine Gesellschaft führt, die alles den Spezialisten überläßt und uns dazu verführt, nur noch Gaffer zu sein, anstatt selbst zu handeln.

»Kaufe jetzt – bezahle später!« Schnell und mühelos soll es gehen. Mit solchen Slogans drängen Kaufhäuser uns ihre Waren, Banken uns ihre Kredite auf. Mit Recht dürfen wir überall ein gemachtes Nest erwarten – wird uns vorgegaukelt. Sicherheit ist uns wichtiger als Autonomie. Wir reden von Selbstverwirklichung und schielen dabei auf Beamtenstatus und Rentenansprüche.

Mit Hunderten von Präparaten verspricht die pharmazeutische Industrie, jede unerwünschte Empfindung in uns zum Schweigen zu bringen. Dank ihrer Schlafmittel schlummern wir über den Ängsten, die uns plagen, ein, dank ihrer Aufputschmittel überlisten wir unseren Körper, der dringend Ruhe braucht. Auch für den Kater nach durchzechter Nacht weiß die Pharmazie ein gutes Rezept – und wir greifen dankbar zu, weil wir die Konsequenzen unseres Verhaltens nicht tragen wollen.

Die Wissenschaften helfen uns ebenfalls, Verantwortung von uns zu weisen. Die Soziologie läßt sich dazu mißbrauchen, jeden Aspekt unserer Misere auf gesellschaftliche Ursachen abzuschieben. Psychologie und Psychotherapie entlasten uns durch ihre (meist begründeten) Erkenntnisse, was Eltern, Erzieher und überhaupt die ganze Umwelt an uns vermurkst haben könnten.

»Es ist ein Verbrechen, wenn man ein Einzelkind in die Welt setzt«, schleuderte der zwanzigjährige Jan seinen Eltern empört entgegen. Jan war Einzelkind geblieben und machte seinen Eltern nun schon seit Jahren dafür bittere Vorwürfe. Jedesmal, wenn Jan sich einsam fühlte und sich einen vertrauten Menschen wünschte, wuchs in ihm die Sehnsucht nach einer Schwester oder einem Bruder. Er haderte mit seinem Schicksal und verschonte seine Eltern nicht mit seinem Groll. Einzelkind zu sein, blieb der Stachel im Fleisch seines seelischen Gleichgewichts. Oft wünschte er sich von seinen Freunden mehr Zuwendung und Aufmerksamkeit, als diese zu geben bereit waren. Leicht fühlte er sich dann verletzt und hintenangestellt. Dem Einzelkinddasein lastete Jan es auch an, daß sein Verhältnis zu den Eltern oft so gespannt war. Die gegenseitigen Erwartungen waren hoch und entsprechend tief die Enttäuschungen, die darauf folgten.

Nun haben Einzelkinder es in der Tat häufig schwerer, im Leben und in der Gemeinschaft mit anderen zurecht zu kommen. Alfred Adler, ein Schüler von Freud, der sich viel mit Erziehungsfragen beschäftigte, hat die Gefährdungen von Einzelkindern deutlich herausgestellt. Überbehütung und starke Abhängigkeit würden bei ihnen häufig zu Minderwertigkeitsgefühlen führen. Adler hat aber auch die »Selbsterziehung« gefordert, durch die der Betroffene seine Situation akzeptiert und selbst gestaltet.
Jan half es keineswegs weiter, mit seinem Einzelkind-Schicksal zu hadern. Wichtig war vielmehr, daß er seine besondere Lebensaufgabe annahm, die ihm damit gestellt war. Auch hier ging es darum, »Verantwortung zu übernehmen«. Jan mußte mit den Beschuldigungen gegen andere und gegen seine Lebenslage abschließen.
Fast jeder Mensch weiß um solche Lebensumstände, die ihn vielleicht schon seit jungen Jahren – ohne sein eigenes Zutun – behindert und womöglich auch wirklich geschädigt haben. Der eine hatte zu arme Eltern, der andere wurde zu sehr verwöhnt, ein dritter mußte immer lernen und leisten. Jan war als Einzelkind wohl zu sehr bemuttert worden. Seine Freundin Hella hatte

dagegen als zweitjüngste von sechs Geschwistern ihre berufstätigen Eltern selten zu Gesicht bekommen.
Auch körperlichen Handikaps, Unfällen und anderen schweren Schicksalsschlägen fühlen wir uns oft hilflos ausgeliefert und geben ihnen die Schuld, wenn unser Leben nicht nach unseren Plänen verläuft. Damit geben wir diesen Ereignissen aber auch eine enorme Macht über unser Leben. Ihnen gegenüber fühlen wir uns schwach und unfähig. Dennoch können wir nur zu uns stehen, so wie wir sind, wenn wir mit diesen »unerledigten Geschäften« (ein treffender Ausdruck aus der Gestalt-Therapie) abschließen. Dann können wir sagen: »Okay, das war eben mein bisheriger Lebensweg. Das gehört zu mir, das hat mich hierher geführt. Dazu stehe ich.« So können wir uns selbst vom Ballast der Vergangenheit befreien. Auf diese Weise würde Jans Beziehung zu seinen Eltern sich entkrampfen, und Hella würde die Erinnerung an die nachlässigen Eltern, die ihr immer wieder Kummer macht, abschütteln. Sie gestünde sich dann ein: »Mein Leben kann nur besser und zufriedener werden, wenn ich diese Herkunft akzeptiere, weil sie zu mir gehört, statt mich von den trüben Geistern der Vergangenheit plagen zu lassen.«

In diesem Buch werden die wichtigsten Bereiche besprochen, in denen wir Verantwortung übernehmen können:

- Verantwortung in der Partnerschaft, wo ich meinen Anteil an den Konflikten mit einem Menschen sehen lerne, den ich mir ja selbst ausgesucht habe (Kapitel 9);
- Verantwortung für meinen Körper, den ich nicht ausbeute und mißbrauche, sondern achte und pflege (Kapitel 6);
- Verantwortung in meiner Familie, wo ich nicht resigniere, weil sich der andere nicht ändert, sondern frage, wie ich mich selbst ändern kann (Kapitel 10);
- Verantwortung im Alltag, wo ich mich nicht in sinnlose Wühlerei verbeiße, sondern mir nüchtern darüber klar werde, was gerade heute für mich ansteht (Kapitel 8);
- Verantwortung in meinem Beruf, wo ich mir im Geben und

Nehmen mit anderen eine Umgebung schaffe, die mich weiterbringt und mich wohlfühlen läßt (Kapitel 7, 8);

- Verantwortung für meinen Lebensplan, wo ich mich der Frage stelle, wo dies alles hinführen soll, welchen Sinn mein Leben hat und was über meinen körperlichen Tod hinaus bleibt (Kapitel 11).

Zur Vorbereitung auf das folgende Kapitel:

▸ Legen Sie sich auf den Rücken oder setzen Sie sich bequem in Ihrem Stuhl zurecht. Schließen Sie bitte die Augen und entspannen Sie sich. Spüren Sie, wie Ihr Atem ruhig und regelmäßig in Ihre Brust ein- und ausströmt.
Stellen Sie sich jetzt einen Baum vor. Sehen Sie ihn vor sich mit seinem Stamm, seinen Ästen, seinen Blättern, seinen Wurzeln. Konzentrieren Sie sich ganz auf diesen Baum ... Wie ist die Rinde beschaffen? Welche Früchte trägt der Baum? Steht er allein und in welcher Umgebung steht er? Nehmen Sie sich Zeit, diesen Baum sorgfältig und interessiert zu betrachten ...
Wenn Sie den Baum nun vollständig kennengelernt haben, öffnen Sie bitte Ihre Augen und greifen Sie zu Papier und Farbstiften. Wachsmalstifte eignen sich gut. Malen Sie nun mit der linken Hand (wenn Sie Rechtshänder sind – sonst umgekehrt) diesen Baum. So können Sie unbefangener und mehr intuitiv malen. Denn es kommt nicht auf Schönheit oder Genauigkeit an, sondern auf Spontaneität und auf die Stimmung, die von diesem Baum ausgeht ...
Wenn Sie mit dem Malen fertig sind, legen Sie die Stifte fort und betrachten in Ruhe Ihren Baum. Können Sie sich vorstellen, selbst dieser Baum zu sein? Meditieren Sie ein wenig über diesen Baum. Nehmen Sie ihn als Symbol, als Bildnis für sich selbst. Wie ist der Baum und wie sind Sie? Was können Sie von diesem Baum Neues über sich erfahren?

2 Unser Selbstbild: Der Blick in den Spiegel

Stellen Sie sich vor, ein Fremder käme auf Sie zu mit der Frage: »Wer sind Sie?« Was würden Sie ihm antworten?
Vermutlich würden Sie ihm Ihren Namen nennen und – wenn der Fremde mehr wissen wollte – vielleicht noch Ihren Beruf und Ihren Wohnort. Stellen Sie sich vor, Sie hätten unbegrenztes Vertrauen zu diesem Menschen und würden ihm (oder ihr) alles erzählen, was Sie von sich wissen: angefangen bei Ihrem Familienstand, Ihrem Alter, Ihren Hobbies, danach dann Dinge, die Sie mögen oder die Sie ärgern, Eigenschaften, die Sie an sich schätzen oder ablehnen, Ihren Fußballverein, den Lieblingssänger, die Stärken und Schwächen aus Ihrer Schulzeit, Ihre Krankheiten und Ihre Erfolge. Ihr Vertrauen zu diesem Fremden wäre unermeßlich, und Sie würden ihm nichts verschweigen. Sie würden vor ihm Ihr Selbstbild ausbreiten: wie Sie sich sehen und empfinden, mit allen Fähigkeiten und Fehlern, Wünschen und Sehnsüchten, Lebenserfahrungen und Ängsten.
Dieses Selbstbild lenkt unser Leben. Dieser Kern unserer Person bestimmt, welchen Erfahrungen wir uns aussetzen, welche Risiken wir auf uns nehmen und welchen Menschen wir aus dem Wege gehen. Das Selbstbild bestimmt auch, welche Ziele wir uns setzen und was wir uns zutrauen. Es sagt uns auch, was wir meinen, leisten zu müssen, um vollwertig zu sein.

Gerade junge Menschen beschäftigt die Frage nach der eigenen Identität: »Was bin ich für einer?« Bernd war 19 Jahre alt, als er mit dieser bohrenden Frage und mit einer schweren Dickdarmentzündung (Colitis ulcerosa) ins Krankenhaus eingeliefert wurde. Als ich ihn dort kennenlernte, hatte er gerade sein Abitur geschafft. Statt aber nun zufrieden und realistisch seine nächsten Lebensschritte ins Auge zu fassen, hatte Bernd sich mit einem utopischen Ziel selbst schachmatt gesetzt: Er hatte sich vorgenommen, sich längerfristig zur Bundeswehr zu verpflichten, um diese von innen heraus zu verändern. Er fühlte sich dazu berufen, nachdem zwei ältere Freunde dort sehr gelitten hatten, wobei einer sogar den Freitod gesucht hatte. Bernds Einstellung zu seiner unmittelbaren Zukunft war also höchst ambivalent: Er wollte sich zumuten, sich mindestens zwei Jahre einer Institution einzufügen, die er zutiefst ablehnte und die aus seiner Sicht so Schreckliches für seine Freunde bedeutet hatte. Er wollte eine Institution verbessern, die ihn zugleich ängstigte und die er verabscheute. Seine Darmentzündung hatte ihn nun davor bewahrt, sich diesem für ihn unlösbaren Dilemma zu stellen. Sie war Ausdruck seiner tiefen Hoffnungslosigkeit. Im Krankenhaus ließ er sich hilflos und planlos hängen. Bernd war passiv und gelegentlich apathisch. Die große Aufgabe, von der er monatelang geträumt hatte, war in sich zusammengefallen. Die Vorgeschichte seiner schweren Erkrankung reichte selbstverständlich weiter zurück und wurzelte in einer tiefen Selbstunsicherheit. Sein utopischer Plan war nur der Auslöser für die neue Krise gewesen. Der Plan war die Kehrseite von Bernds Entschlußlosigkeit. So hatte Bernd z. B. im Jahr zuvor sein Abitur praktisch schon einmal mit gutem Erfolg absolviert, war aber auf die Schulbank zurückgekehrt, um es »besser zu machen« – auch dies wohl ein Ausdruck seiner Unsicherheit über sich selbst und seine Lebensperspektive.

Bernds Grübeleien kreisten um die für ihn unlösbaren Fragen »wer bin ich?« und »was will ich?«. Seine Verunsicherung war im Elternhaus entstanden. Wie die Umwelt einen Menschen sieht, beeinflußt nämlich sein Selbstbild ganz wesentlich. Vor allem Kinder haben zunächst keine andere Wahl, als die Aussagen ihrer Eltern über sich selbst zu übernehmen. Nicht nur direkte Bemerkungen wie »Du bist doch ein Dummkopf« oder »Du kannst alles am besten« tragen zum Selbstbild des Kindes bei, sondern auch die vielen alltäglichen Erfahrungen, die es in der Familie und später dann im Kindergarten und in der Schule macht: Was wird ihm zugetraut, wobei wird es kritisiert, wo lachen andere, was wird ihm abgenommen, mit welchen Bitten und Fragen kommen andere zu ihm.

Doch auch Erwachsene sind nicht immun gegenüber den Kommentaren ihrer Umwelt. Die Kritik oder das Lob unserer Mitmenschen beeinflussen tagtäglich, wie wir uns sehen – Einflüsse sowohl im jahrzehntelangen Zusammenleben in der Familie als auch in der flüchtigen Begegnung mit einem Fremden. Das kann ein anerkennender Blick sein, ein Wort des Dankes, ein spöttisches Lächeln, ein Bild, das ein Kind von uns gemalt hat. Oft wird uns gar nicht bewußt, was damit über uns ausgedrückt wird. Doch im Unbewußten registrieren wir diese Signale und vergleichen sie mit unserem Selbstbild, dem wir sie entweder einfügen oder wovon wir diese neuen Aspekte ausschließen. Manchmal setzen wir uns natürlich auch bewußt mit den Kommentaren unserer Mitmenschen auseinander. Wir wehren uns gegen Beschreibungen, die uns nicht in unser Bild zu passen scheinen, oder wir sind überglücklich, wenn wir eine längst überfällige Anerkennung erhalten, die uns aufwertet und unser Selbstbild bestätigt. Wie dem auch sei – wir müssen die vielfältigen Einflüsse akzeptieren, die von den Kommentaren unserer Umwelt auf uns einwirken.

Martin Buber, der große jüdische Religionsphilosoph, hat die Bedeutung dieser Vorgänge in einem wunderschönen Satz ausgedrückt: »Die Grundlage menschlichen Zusammenlebens ist eine zweifache und doch eine einzige – der Wunsch jedes Menschen, von den anderen als das bestätigt zu werden, was er ist, oder sogar als das, was er werden kann; und die angeborene Fähigkeit des Menschen, seine Mitmenschen in dieser Weise zu bestätigen.«

Die Bereitschaft und Offenheit, einander auf diese Weise zu unterstützen und zu stärken, scheint in diesen Tagen nicht sehr groß zu sein. Kritik und Selbstkritik, Auseinandersetzung und Abgrenzung scheinen attraktiver und moderner. Wir nehmen uns mehr Zeit, miteinander zu diskutieren und zu streiten, als einander zu loben und zu fördern. Dabei dürfte es nicht allzu schwer sein, wieder zu lernen, das Positive und Gute am anderen Menschen wahrzunehmen und es ihm dann auch zu sagen. Umgekehrt wird er dann ebenfalls seine Augen mehr öffnen – und dann eben auch aussprechen, was ihm an uns gefällt und was ihm durch uns weiterhilft. Gerade in unserer Familie und mit unseren Freunden müßte hier ein Anfang möglich sein, indem wir unsere Bequemlichkeit abschütteln und uns einmal ein Herz

fassen. Bemerkenswert ist nämlich, daß zum Loben fast so viel Mut gehört wie zum Tadeln.
Wenn Psychologen vom »Urvertrauen« sprechen, dann meinen sie damit die Basis für unsere ganze spätere Lebenseinstellung. Ob wir zu Pessimisten oder zu Optimisten werden, ob wir uns selbst etwas zutrauen und unserer Umwelt grundsätzlich vertrauen, entscheidet sich wahrscheinlich schon sehr früh in unserem Leben. Bereits in den ersten Stunden wird der Grundstein für Lebensmut und Offenheit für die Welt (oder aber für das Gegenteil davon) gelegt.
Der Geburtsvorgang, die Berührung durch die entschlossene und gleichzeitig behutsame Hand des Geburtshelfers, der erste körperliche Kontakt mit der mütterlichen Haut, die Atmosphäre des Kreißsaals mit Licht und Geräuschen – diese Eindrücke scheinen einen Säugling viel stärker zu prägen, als früher angenommen wurde. Wenn hier Ruhe, Sanftheit und Zärtlichkeit herrschen, ist ein guter Anfang des Vertrauens in die Welt möglich. Die folgenden Tage und Wochen sind gleichfalls sehr wichtig. Fehlen hier Aufmerksamkeit und Zuwendung für den Säugling, fehlt die Bereitschaft, die schon recht differenzierten Regungen und Signale dieses kleinen Wesens aufzufangen und aus seinem Verhalten zu lernen, so kann dieses Defizit niemals wieder nachgeholt werden.
Schritt für Schritt muß sich daraus unbedingt eine stabile Beziehung zu einer Bezugsperson entwickeln; auch heute ist dies meist die Mutter. In den folgenden Monaten und Jahren ist dem Kind das Gefühl zu vermitteln, so angenommen zu werden, wie es ist. Nur wenn das warme Licht des Selbstvertrauens früh entzündet wird und die Familie dieses Lämpchen immer wieder mit dem Öl bedingungsloser Liebe nährt, kann es eines Tages aus eigener Kraft weiterbrennen und dem Menschen ein Leben lang einen inneren Halt geben.
Leider beschließen manche Eltern jedoch eines Tages, »jetzt mit der Erziehung anzufangen«. Dem Kind wird dann klar gemacht, daß es nur noch dann geliebt wird, wenn es »brav« ist. Die Eltern stellen Bedingungen, und Hänschen darf zum Beispiel erst zum

Spielen in den Garten, wenn er seinen Teller leergegessen hat. Tragischer sind Situationen, in denen Hänschen für Gefühlsausbrüche bestraft wird (er soll lernen, seine Wut, seine Angst, seine überschwengliche Freude zu kontrollieren) oder in denen man ihn durch kühle Distanziertheit und durch Liebesentzug maßregelt. Doch wer könnte ein Urvertrauen entwickeln, der sich nur für seine Leistungen (auch im Kontrollieren eigener innerer Regungen) geliebt glaubt?
Urvertrauen ist das Grundmuster und die Voraussetzung für alle spätere Zuwendung zum Leben.

Elke war 26 Jahre alt und hatte gerade die Leitung einer Boutique übertragen bekommen, als sie schwanger wurde. Eigentlich hatten sie und ihr Ehemann mit dem Nachwuchs noch etwas warten wollen, sich dann aber doch zum Kind entschlossen. Die Geburt verlief ohne Komplikationen, aber im Wochenbett wollte die kleine Tochter bei ihrer Mutter nicht recht trinken. Elke gab sich in den ersten Tagen Mühe, aber die Kleine verlor meist schon nach wenigen Zügen schlaff und kraftlos die Lust am Trinken. Elke wurde immer ungeduldiger, ihre Tochter immer unzufriedener.
Nun wurde Elkes tiefe Zwiespältigkeit gegenüber ihrer Mutterrolle deutlich: Die berufliche Karriere, die für ihr Selbstwertgefühl so wichtig gewesen war, hatte einen Knick bekommen. Ihr Kind – und das wurde nun offensichtlich – konnte Elke nicht die Selbstbestätigung vermitteln, die sie für ihr inneres Gleichgewicht brauchte. Bis dahin hatte sie, die aus kleinen Verhältnissen stammte, für ihren zielstrebigen Berufsweg viel Anerkennung erfahren. Auch ihrem Ehemann hatte sich Elke nur als erfolgreiche Geschäftsfrau ebenbürtig gefühlt. So übertrug sich nun Elkes schwierige Beziehung zu ihrer eigenen Mutter auf die neue Beziehung zum Töchterlein. Elke hatte von ihrer Mutter in der Tat meist Desinteresse und Kritik erlebt und war nun unfähig, sich ruhig und gelassen mit ihrer Kleinen zu beschäftigen. Sie konnte ihr die Zärtlichkeit nicht geben, die sie von ihrer Mutter vermißt hatte, sondern erwartete, daß die Tochter »funktionierte«. Sie konnte sich an ihr nur freuen, wenn die Kleine etwas Neues lernte (z. B. den Kopf selbst hochhob) oder auch das genormte Gewichtsziel des ersten Monats erreichte. Einfach mit der Tochter zusammen zu sein, zu schmusen und das neue Leben zu genießen, war Elke nicht möglich.

Wo Leistungen und Erfolge den frühen Mangel an Urvertrauen ausgleichen sollen, werden menschliche Beziehungen flach und unbefriedigend. Elke sah ihre Tochter zunächst nur unter dem Aspekt von Kosten und Nutzen: Sie setzte den Aufwand an Zeit und Pflege für das Kind ins Verhältnis zu dem Ansehen, daß sie dafür als Mutter erwerben konnte – und da schien ihr das Berufsleben verlockender.

Aus solchen Beispielen wird auch deutlich, wie leicht andere Menschen als Ich-Ersatz mißbraucht werden können, wo eigenes Selbstwertgefühl fehlt: eine Mutter wie Elke, die ein gut dressiertes Kind vorzeigen will; ein Vater, der mit den jugendlichen Reizen seiner Tochter kokettiert; ein gescheiterter Student, der sich an seine erfolgreiche Freundin klammert – ihnen fehlt allzuoft eine eigene Lebensbasis, und an die Stelle von Autonomie tritt gegenseitige Abhängigkeit.

Die Selbstunsicherheit dieser Menschen äußert sich mitunter in hysterischen Auftritten. Mit theatralischen Posen soll der Mangel an Ich-Identität überspielt werden, sollen andere Menschen verwirrt und manipuliert werden. Die Flucht in eine Krankheit, demonstrative Unfähigkeit angesichts der alltäglichsten Aufgaben bis hin zu Selbstmorddrohungen sind zu diesen Manövern zu zählen.

Während der selbstunsichere Hysteriker also die Augen vor seinen eigenen Fehlern und Grenzen verschließt, starrt der depressive Mensch immerzu auf sein Versagen und seine Schuld. Auch im Alltag sind viele Menschen gefährdet, durch übertriebene Selbstkritik das eigene Selbstbild zu unterhöhlen. Wer hat nicht schon tagelang über einen vermeintlichen Ausrutscher in einem Gespräch gegrübelt, an den sich die anderen Beteiligten gar nicht mehr erinnern konnten? Nicht nur falsche Eigenliebe, sondern auch dauernde Unzufriedenheit mit sich selbst führen aber in die Irre – wir kreisen dann nur noch um uns selbst.

Manche Zeitgenossen müssen beispielsweise täglich viele Male ihr Aussehen im Spiegel überprüfen. Das Körperbild, also die Vorstellung über das eigene Aussehen, ist für jeden Menschen ein ganz wichtiger Teil seines Selbstbildes.

Wer seinem Spiegelbild nüchtern und realistisch, aber auch mit Wertschätzung und achtungsvoller Sorge gegenübertreten kann, wird durch diesen Aspekt seiner selbst eine Stärkung erfahren. Körperliche Regungen und Funktionen sind immer »gut«, indem sie zweckmäßig ablaufen und ihrem eigenen Sinn unterliegen. Dabei ist es nicht entscheidend, ob der Körper nach den üblichen Standards nun als »schön« oder als »häßlich« gilt, sondern wie ein Mensch zu sich selbst steht.

Auch der Körperbehinderte und das Unfallopfer, durch eine Narbe »entstellt«, können lernen, trotz ihrer Handikaps, trotz äußerlich begrenzter Entfaltungsmöglichkeiten zu sich zu stehen. Doch dies ist fast immer ein mühsamer und schmerzlicher Weg, und die Versuchung, sich in Selbstmitleid zu ergehen oder einfach das eigene Körperbild zu verdrängen, ist oft groß. Gerade zusammen mit anderen Behinderten und Gezeichneten kann der Mensch aber lernen, dennoch seinen Körper zu achten, in ihn hineinzuhorchen, für ihn zu sorgen und seine verbliebenen Möglichkeiten um so mehr zu schätzen und auszubauen. Luise Habel hat in ihren Büchern über diesen Weg ein sehr eindrucksvolles Zeugnis abgelegt.

Beschäftigen muß uns hier, warum viele gesunde Menschen so viel Kummer mit ihrem Körper haben. Das gilt zunächst für viele Jugendliche, die sich auf der Suche nach sich selbst und ihrer Stellung in der Welt ganz intensiv mit ihrem Spiegelbild auseinandersetzen. Besonders Mädchen, für die aufgrund der ihnen durch die Gesellschaft zugewiesenen Rolle das Aussehen noch immer die größere Bedeutung hat als für Jungen, können viele Stunden vor dem Spiegel zubringen. Immerzu werden andere Kleidungsstücke, neue Frisuren oder Make-ups ausprobiert.

Was für viele Mädchen die Waage als Symbol eines idealen Körpers darstellt, bedeutet für viele Jungen das Zentimetermaß oder die sportliche Leistung. Immer findet dabei ein Vergleich mit Gleichaltrigen und Älteren, insbesonders mit den Idolen der Massenmedien statt. Schon aufgrund der Ausgangsbedingungen ist der Vergleich mit den Stars unsinnig und unrealistisch. Er wird aber von vielen Jugendlichen gesucht und fällt dann oft so unglücklich aus, daß sich die jungen Leute nicht mehr als lebens- und liebenswert empfinden. So wird aus der lustvollen Spielerei leider manchmal bitter-süßer Ernst. Es herrschen Niedergeschlagenheit und Selbstzweifel. In dieser Situation kommen gelegentlich unterschwellige Krankheiten, wie zum Beispiel die Pubertätsmagersucht (Anorexie) oder eine Freß-Kotzsucht (Bulimerexie), zum Ausbruch. Andere Jugendliche flüchten sich in einen überzogenen Männlichkeitskult, wie er beispielsweise von neonazistischen »Wehrsportgruppen« gepflegt wird, oder ziehen sich in eine Traumwelt zurück.

Ein gestörtes Körperbild geht mit einer unrealistischen Wahrnehmung des eigenen Körpers und seiner Funktionen (wie Verdauen, Schlafen, Bewegen usw.) einher. Eine objektive Bestandsaufnahme ist dabei allerdings auch dadurch erschwert, daß viele Beurteilungen in diesem Bereich »Geschmacksfragen« sind. Was dem einen als spindeldürr erscheint, bezeichnet der andere als wohlproportioniert. Gefühle und Einstellungen spielen bei dieser Beurteilung deshalb eine besonders große Rolle: Melancholie, Unsicherheit oder Wut auf sich selbst und Selbst-Ablehnung können einige der emotional getönten Brillengläser sein, durch die Menschen das eigene Spiegelbild betrachten. Im einen Extrem kann die Ablehnung des eigenen Körpers zu völliger Vernachlässigung und Verwahrlosung führen, im anderen Extremfall sucht man der Verunsicherung durch übertriebene Pflege, Kosmetik usw. Herr zu werden.

Hautärzte berichten über die schädlichen Folgen dieses zu intensiven Bemühens um den eigenen Körper: Durch fünf oder sechs tägliche Duschgänge, durch Dutzende von Cremes, Seifen und Deos wird die natürliche Abwehrbarriere der Haut zerstört. Dabei wird ihr Säure- und Fettschutzmantel abgelöst und Ekzemen, Infektionen und anderen Krankheiten der Boden bereitet. Viel leiden muß auch eine Haut, deren Träger sich dem Ideal ganzjähriger makelloser Bräune verschrieben hat.

Um unseren Körper besser kennenzulernen, um ihn realistisch sehen und nüchtern mit ihm umgehen zu können, müssen wir uns mit ihm beschäftigen. Statt uns dabei an bestimmten Idealen zu messen, sollten wir versuchen, uns so zu erfahren, wie wir sind. An jedem Tag, zu jeder Stunde, in jedem Augenblick können wir

unsere Augen, unsere Ohren, unsere Nase, unsere Hände und unsere innere Wahrnehmung auf uns selbst richten. Mit dieser unerschöpflichen Fülle an Informationen finden wir heraus, was in uns vorgeht und was unserem Körper beispielsweise guttut. So können wir nicht nur viel Neues über unseren Körper lernen, sondern wir erwerben auch Wissen, um uns selbst besser verstehen und uns verändern zu können.
Die Körperwahrnehmung kann Sie auf eine aufregende Reise führen:

► Wenn Sie das nächste Mal aus der Dusche oder der Badewanne steigen, dann nehmen Sie sich einmal mehr Zeit als gewöhnlich. Sorgen Sie dafür, daß Sie nicht gestört werden, und wenden Sie Ihre ganze Aufmerksamkeit dem eigenen Körper zu.
Suchen Sie einmal den weichsten Punkt und die härteste Stelle, die Sie an ihm finden können. Achten Sie auf die unterschiedliche Beschaffenheit Ihrer Haut an verschiedenen Körperpartien. Wie sehen die Poren in der Haut aus? Wie unterscheiden sich die Haare in ihrer Länge, Farbe, Dicke und Form? Seien Sie auf dieser Entdeckungsreise nicht kritisch mit sich selbst, sondern schauen Sie einfach sorgfältig hin und lassen Sie Ihre Hände sich selbst erspüren. Wo machen sich Spannungen bemerkbar, wo sind Sie locker und geschmeidig? Dehnen Sie diese Erkundungsfahrt so lange aus, wie Sie möchten . . . Treten Sie nun vor den Spiegel und betrachten Sie sich einmal vollständig. »Ja, das bin ich.« Können Sie das sagen? Was könnte Sie hindern, dazu zu stehen?

Was immer wir tun, unser Körper ist immer mit dabei. Im Gespräch unterstreichen hundert Gesten, was wir sagen wollen, und selbst am Telefon bleiben unsere Hände nicht untätig und unsere Augen wandern umher. Immer legen belastende Begegnungen auch unserem Körper einen Ballast auf. Seelischer Streß bedeutet auch körperliche Anstrengung. Nach Prüfungen bemerkte ich zum Beispiel häufig Muskelkater in meinen Unterschenkeln. Dabei hatte ich doch bloß gesessen. Meine Waden hatten das Examen »mitgeschrieben«. Unwillkürlich hatten sie sich in den Boden gestemmt, hatten sich verkrampft, um mir in dieser Situation Halt zu geben.

Wenn ich mehr über mich erfahren will, muß ich auf die Signale achten, die mir mein Körper sendet. So kann ich lernen, wie mein Körper reagiert – und er reagiert immer mit. Welche Muskeln verkrampfen sich, wenn ich mich aufrege? Wann atme ich ruhig und entspannt, wann schnaufe ich angestrengt und gepreßt? Was habe ich neulich in meinem Bauch, in meinen Schultern, in meinem Mund gespürt, als ich auf jenen wichtigen Anruf wartete? Und als das Telefon schließlich klingelte? Hat sich mein Nacken versteift, als ich mir kürzlich herbe Kritik gefallen lassen mußte?

»Psychosomatische Redensarten« helfen uns, zu entschlüsseln, was in uns vorgeht. Was macht mir »Kopfzerbrechen«, was verschlägt uns die Sprache, wo bleibt uns die Spucke weg? Wann steckt mir ein Kloß im Hals, wann bekommen wir Schiß? Diese Redensarten sind alte Weisheiten, mit denen unsere Sprache reich gesegnet ist. Aus ihnen können wir vor allem mehr über unsere Gefühle lernen. Wir können ein Stück weit unserer Angst, dem Schmerz, der Begierde, der Freude und dem Ärger auf die Spur kommen und erkennen, wodurch diese Emotionen in uns geweckt werden.

Um noch mehr über unser Gefühlsleben zu erfahren, müssen wir allerdings versuchen, unseren Verstand zu umgehen. So wenig wir beim Meistern unseres Alltags auf unser Denken verzichten können, so aussichtslos sind alle Bemühungen, ausschließlich auf dem Verstandesweg unseren Gefühlen beizukommen. Wir müssen ein Stück weit aus der rationalen Kontrolle ausbrechen und uns von der Logik des Gehirns lösen. Der »Logik des Herzens« können wir durch kreative Betätigung Ausdruck geben, durch Malen, Modellieren, Musizieren. In dieser Absicht wurde die »Baumübung« zur Einführung in dieses Kapitel ausgewählt.

Zu unseren Gefühlen führen uns nur »irrationale Wege«, zu denen auch Spiele, Träume und körperliche Übungen gehören. Was wir dabei erleben, können wir mit Worten oft gar nicht ausdrücken. Die Sprache kann unsere Erfahrungen meist nur unvollständig wiedergeben. Bilder, Töne und Bewegungen sind dieser inneren Welt näher. So können wir unseren eingefahrenen Verstand umgehen und Seiten an uns entdecken, die uns vielleicht fremd, widersprüchlich und irrational erscheinen.

Dabei stoßen wir möglicherweise auch auf Gefühle und Bedürfnisse, die wir nicht verstehen können. Neben bezaubernden, heiteren Anteilen, die wir an uns bisher nie wahrgenommen hatten, tauchen vielleicht auch dunkle Seiten auf, vor denen wir lieber unsere Augen verschließen würden. Wir wagen es nicht, einen Blick auf diese dunklen Seiten zu riskieren, weil diese Begegnung mit uns selbst womöglich zu schmerzhaft werden könnte. Wie aber können wir mit diesem Teil unserer Persönlichkeit leben?

Das Beispiel des Alkoholismus (der hier beispielsweise für alle Süchte steht) zeigt, wie wichtig die Verarbeitung aller Aspekte des eigenen Selbstbildes für ein zufriedenes, »gesundes« Leben ist:

Genährt durch Minderwertigkeitsgefühle und persönliche Niederlagen, die nicht verwunden werden, entstehen viele Süchte. Niemand hält über Monate und Jahre Selbstkritik, Selbstentfremdung und innere Leere aus, ohne schließlich nach Mitteln zu ihrer Betäubung zu greifen. Wer nicht gelernt hat, auch im Einklang mit seiner sozialen Umwelt befriedigend zu leben, sucht Befriedigung im Alkohol, in der Arbeitswut, in Beruhigungstabletten, im Glücksspiel ... – die Liste ließe sich beliebig verlängern. Alles kann mißbraucht werden, um den schmerzlichen Mangel an Selbstwert und persönlicher Identität vergessen zu machen.

Manche Alkoholiker spüren sehr gut, wenn wieder eine Krise naht, wenn wieder Selbstmitleid in ihnen aufsteigt und ein Rückfall droht. In ihren Selbsthilfegruppen, den Anonymen Alkoholikern (AA), haben sie für solche Situationen ihre Warnung in die einfache Formel »HALT!« gefügt. Kurz vor einem Rückfall steht nämlich, wer hungrig (*h*ungry), verärgert (*a*ngry), einsam (*l*onely) und müde (*t*ired) ist.

Nicht jeder greift in solchen Krisen des Selbstwertgefühls zum

Glas, aber wir alle können von diesen Signalen lernen. Statt in Grübelei und Selbstmitleid zu verfallen, statt andere Menschen mit unserer Nörgelei zu quälen, können wir uns dann lieber etwas Gutes gönnen. Wir können uns seelische, emotionale, soziale Nahrung zuführen, die uns (und anderen) nicht schadet. Wir können dann ganz bewußt unseren Körper pflegen, wir können uns einfach mehr Zeit für uns ganz persönlich nehmen, Musik hören, etwas malen, in einen Vortrag oder zur Kirche gehen – was immer uns guttut. Nicht zuletzt können wir uns aber mit einem vertrauten, aufmerksamen Menschen aussprechen. Die Tragik ist dabei, daß es uns gerade dann am schwersten fällt, mit anderen über unseren Kummer zu sprechen, wenn es uns schlecht geht. Wenn wir uns minderwertig, verletzbar oder schuldig fühlen, haben wir Angst, uns zu offenbaren. In der Krise neigen wir dazu, unsere Fassade noch sturer aufrechtzuerhalten, auch wenn der Putz schon abblättert. Weil es uns so schwer fällt, diese Fassade vor anderen zu bewahren, wollen wir dann lieber allein sein, bis wir uns wieder gefangen haben – dabei hätten wir gerade in solcher Lage Hilfe besonders nötig!
Selbstsicher soll sich der Mensch von heute geben! »Selbstbewußt« wurde zum Motto unserer emanzipierten Zeit, so wie es die Begriffe »Ehre« vor 200 Jahren, »Autorität« vor 100 Jahren und »Gehorsam« vor 50 Jahren waren. Jede Frauenzeitschrift wendet sich heute an die »selbstbewußte« Leserin. Und wenn der junge Fernsehmoderator auch sonst nicht viel zu bieten hat – Hauptsache, er tritt »selbstbewußt« auf. Dabei gehört zu einem umfassenden Selbst-Bewußtsein (und zwar in der Bedeutung des englischen »self-conscious«) eben auch das Wissen um die eigenen Schwächen.
Emanzipiert, selbstbewußt, selbständig – wer wollte das heute nicht sein? Wo aber der innere Kern der Selbstachtung fehlt, wird Selbstsicherheit nur noch zur Schau gestellt. Wer sich hinter dieser perfekten Maske versteckt, meint, immer den Kopf oben behalten zu müssen. Er (oder sie) glaubt, jede Situation souverän durchstehen zu sollen und auf alles eine Antwort geben zu können. Dieser Mensch darf sich keine Fehler erlauben, sich in

seiner selbstbewußten Rolle keine Blöße geben. Selbstbewußtsein ist »in«, Schwächen sind nicht eingeplant. Aus Angst vor der Zurückweisung durch unsere Mitmenschen versuchen wir mit allerhand Tricks zu verbergen, wenn wir uns hilflos und unsicher fühlen.

Virginia Satir, die temperamentvolle amerikanische Familientherapeutin, beschreibt vier typische Tarnmanöver, mit denen Menschen ihre Schwächen vertuschen möchten: durch Beschwichtigen, durch Beschuldigen anderer, durch Intellektualisieren und durch Ablenkungsmanöver. Selten sehen wir sie in solcher Reinform wie in den folgenden vier Charakteren, mit denen ich diese Strategien illustrieren möchte:

Herr Samtig geht immer den sanften Weg. Er zieht erst mal den Kopf ein, wenn Unangenehmes auf ihn zukommt. Dem Vorwurf seiner Ehefrau, er kümmere sich zu wenig um Haus und Garten, stimmt er sofort zu. Unterwürfig beschwichtigt er sie. Ja, ja, selbstverständlich solle jetzt alles anders werden. Es sei seine Schuld, aber im Beruf gebe es bald Erleichterung, so daß er mehr Zeit haben werde. In der Tat ist Herr Samtig am Arbeitsplatz unter starkem Druck, denn auch dort will er es allen recht machen. Immer wird er gerade dort tätig, wo er zuletzt einen Rüffel (und sei es von einem Untergebenen) erhalten hat. Ebensowenig kann er sich gegenüber den Vorhaltungen seiner Frau abgrenzen, seine eigenen Wünsche z. B. für den Garten, artikulieren und die Arbeit gemeinsam mit der Familie einteilen.

Herr Hacker läßt seinen Kritiker erst gar nicht ausreden. Angriff ist die beste Verteidigung! Mit lauter Stimme weist er alle Argumente zurück und dreht den Spieß um. Er hört nicht richtig zu, sondern senkt seine Stirn und zählt schnaubend die altbekannten Verfehlungen des anderen auf. Kaum einer wagt noch, ihm ehrlich die Meinung zu sagen. Man fürchtet seine Wutanfälle und seinen beißenden Spott. Allerdings leidet Herr Hacker an Bluthochdruck und an seiner Einsamkeit.

Frau Dr. Kühl lehnt sich zunächst zurück, wenn Wünsche oder Kritik an sie herangetragen werden. Dann beginnt sie, diese nüchtern zu analysieren, und untersucht auch die Motive der Kritiker oder Bittsteller. Sie spricht sachlich und distanziert, so als ginge sie alles gar nichts an. So wenig wie sie Zugang zu ihren eigenen Gefühlen hat, so wenig kann sie Verständnis für die Gefühle ihrer Gesprächspartner aufbringen. Ihrer enttäuschten und deprimierten Mutter erklärt sie wieder und wieder, weshalb sie aufgrund ihrer frühkindlichen Erfahrungen eben keinen Mann zum Heiraten finde, weshalb ein Mann in seiner Rohheit sowieso keinen Bezug zu ihrem geistigen Niveau haben könne.

Fräulein Quirll sucht ihr Heil in Ablenkungsmanövern. Wenn beispielsweise bei ihrem Freund dicke Luft herrscht, geht sie erstmal Kaffeekochen, legt dann eine Platte auf und muß schnell noch telefonieren. Wenn sie sich schließlich zu ihm setzt, zupft sie andauernd Fusseln von ihrem Pulli und beginnt, den Tisch aufzuräumen. Als ihr Freund davon spricht, daß er sich von ihr vernachlässigt fühle, antwortet sie mit einem weitschweifigen Bericht über einen gemeinsamen Stadtbummel, der für sie mit Blasen an ihrer Ferse geendet habe. Aber nun kann sie schon nicht mehr sitzen bleiben. Zum Kaffee will sie noch eine Tüte Plätzchen aufmachen, und dann muß sie noch rasch zur Toilette.

Mit welchem dieser Menschen möchten Sie gern zusammenarbeiten oder zusammenleben? – Wahrscheinlich mit keinem der vier. Bei keinem würden wir uns mit unseren Wünschen und Bedürfnissen, mit unseren Gefühlen und Gedanken angenommen und verstanden fühlen. Aber wir würden auch nicht erfahren, wie diese Menschen wirklich sind. Wir würden keinen Zugang zu ihnen finden. Ihr Verhalten würde uns vielmehr selbst so beeinflussen, daß wir aus unserer Haut fahren und selbst anders reagieren würden, als es unserem Anliegen und unseren Emotionen ursprünglich entsprochen hätte:

Herr Samtig würde viele wütend machen; Herr Hacker würde uns in die Defensive drängen und uns Angst machen; Frau Dr. Kühl würde uns von unserer eigenen Gefühlswelt abschneiden und uns niedergeschlagen werden lassen; Fräulein Quirll würde uns nervös und ärgerlich machen. In allen vier Fällen würden wir uns unbefriedigt zurückziehen. Eine wirkliche Kommunikation hätte nicht stattgefunden. So würden unsere vier beispielhaften Charaktere, die immerzu die gleiche Tarnkappe aufsetzen, um ihr schwaches Ich zu verbergen, immer einsamer werden. Weil niemand durch ihre Maske zu ihnen hindurchdringen kann, können sie sich niemals als Menschen wirklich »erkannt« fühlen. So verstricken sie sich mehr und mehr in einem Teufelskreis.

Haben Sie in diesen Schilderungen möglicherweise ein Stück von sich selbst wiedererkannt? Es sollte uns nicht überraschen, wenn wir manchmal auch wie Samtig, Hacker, Kühl oder Quirll handeln. Wir alle neigen manchmal zu ihren Verhaltensweisen und tragen Tendenzen dieser vier Typen in uns, – vom einen mehr, vom anderen weniger. Denn auch uns dienen unterwürfiges Beschwichtigen, aggressives Beschuldigen, intellektuelles Gerede oder Ablenkungsmanöver zur Abwehr direkten mitmenschlichen Kontakts. Die Angst, uns zu öffnen und unser wahres Ich zu zeigen, sitzt oft so tief, daß wir sie fast als »Urangst« und als Gegenstück zum »Urvertrauen« kennzeichnen könnten.

Diese »Urangst« wird in uns immer wieder geweckt durch all das, was wir an uns selbst nicht sehen wollen, was wir bei uns nicht wahrhaben wollen und für uns ablehnen. Carl Gustav Jung hat diesen abgelehnten und abgeschobenen Teil von uns den »Schatten« genannt. Dieser Schatten bildet sozusagen den Negativabdruck unseres Selbstbildes.

In diesem Schatten hausen beispielsweise all jene Impulse, die wir niemals auszuleben wagen. Dort führen jene Wünsche und Begierden ihr Eigenleben, die wir uns nie erlauben würden. Dort hinein wurde alles abgedrängt, was unsere Moral, unsere Erziehung und Umwelt uns so lange ausgeredet haben, bis wir selbst davon nichts mehr ahnen konnten.

Mit dem Verstand können wir den Schatten darum auch nicht ergründen. Wiederum sind Malerei, Musik oder Meditation mögliche Wege, um mit dieser anderen Seite in uns in Kontakt zu kommen. Ekstase, intensive Gruppenerlebnisse und Rauschzustände waren seit alter Zeit Brücken, um dieses andere Ufer unseres Lebensstromes zu erreichen.

Dafür kann dieses Buch natürlich keine Anleitung bieten. Es gibt allerdings einen kleinen Kompaß, mit dem sich zumindest orten läßt, in welcher Richtung dieses fremde Land liegt. Die folgende Übung kann diese Hilfe geben.

▸ Schreiben Sie dafür auf ein Blatt Papier alles, was Sie an anderen Menschen stört. Schreiben Sie es so nieder, wie es Ihnen spontan in den Sinn kommt. Schreiben Sie auf, wenn Ihnen die Kleidung eines Freundes nicht paßt, wenn Ihnen bestimmte Gewohnheiten Ihres Partners nicht gefallen, wenn Sie sich über Eigenschaften von Verwandten und Bekannten ärgern usw. usw. – eben alles, was Sie bei anderen Menschen ablehnen. Diese Übung kann 15 Minuten dauern, aber auch 8 Stunden. Je mehr Ihnen einfällt, je genauer Sie es beschreiben können, desto besser.

Diese Liste können Sie nun als Kompaß für Ihr Schattenland benutzen. Achten Sie auf alles, was zusammengehört, was sich in dieser Liste irgendwie wiederholt, was Sie mit besonders großem Zorn erfüllt. Auch wenn Sie es vielleicht nicht wahrhaben wollen: In dieser Richtung liegt Ihr Schatten.
Wie gehen wir nun aber mit diesem Wissen um? Niemand kann von uns fordern, dieses Schattenland sogleich forsch zu erobern und uns genauso zu verhalten, wie wir es (bei anderen) verabscheuen. Es geht vielmehr darum, diesen Schatten kennenzulernen, sich mit ihm auseinanderzusetzen, ihn zu »integrieren«. Alexander Mitscherlich, der verstorbene Frankfurter Psychoanalytiker, sprach hier von der »breiten Berührungszone«, die es herzustellen gelte, »zwischen der rational kontrollierenden Bewußtheit und den ungleich mächtigeren, eigentlich produktiven Seelenkräften des Es, des unbewußten Seins also.«
Es ist deshalb sinnvoll, sich mit dem Schatten auseinanderzusetzen, weil aus diesem Reich immer wieder jene Impulse geboren werden, die uns an uns selbst überraschen.

Mit Erschrecken und Unverständnis reagierte eine 39jährige Frau auf eine Eingebung, die sie plötzlich während einer Bergwanderung im Tessin hatte. Ihre sehr eindrucksvolle Schilderung dieser Begebenheit begann damit, daß sie während dieser Wanderung mit ihrem siebenjährigen Sohn plötzlich den Impuls verspürte, stehenzubleiben und sich die Haare zu kämmen. Da bemerkte sie auf einmal eine Schlange, die genau zwischen ihr und ihrem Sohn den Weg kreuzte. Sie bekam Angst, sprang über die Schlange hinweg und schloß ihren Sohn in die Arme.
Diese Geschichte wird deshalb so eindrucksvoll und erhellend, weil sich hier ein innerer Impuls (offensichtlich aus dem Schattenreich, denn die Frau wußte selbst keinen Grund für das Kämmen) mit einer äußeren Begebenheit (Schlange kreuzt Weg) verbindet. Damit wird ein Licht auf das Leben dieser Frau und auf ihre unbewußten Wünsche und Ängste geworfen. Auch wenn viele Interpretationen möglich wären, scheint eine besonders einleuchtend: Die Frau ist geschieden und lebt schon seit einigen Jahren allein mit ihrem Sohn. Sie hat keinen Freund und keine Affairen.
Das Bedürfnis, sich zu kämmen, spricht für ihren Wunsch nach Zärtlichkeit und Sexualität. Sie möchte als Frau begehrt werden. Nun kreuzt die Schlange den Weg – seit Adam und Eva das klassische Symbol für Sexualität. Die Frau bekommt Angst – Angst vor ihren sexuellen Bedürfnissen, Angst aber insbesondere davor, durch die Sexualität von ihrem Sohn getrennt zu werden, was bei der Wanderung ja tatsächlich geschieht. Darum steigt sie über die Schlange, überwindet also die Sexualität, um wieder bei ihrem Sohn zu sein. Vielleicht ist ihr die Rolle der Mutter im Augenblick wichtiger als die der Geliebten, vielleicht ist aber auch bloß ihre Angst vor der Sexualität zu stark, so daß sie sich in die Mutterrolle flüchtet.

Alltäglich sind solche Begebenheiten wie die geschilderte zweifellos nicht – immerhin fand hier ja auch ein zentraler unbewußter Konflikt seinen Ausdruck. Gelegentlich sind wir von einem Impuls aus dem Schattenreich aber ebenso überrascht, auch wenn es nicht um Sexualität oder Mutterschaft geht. Wir sind manchmal über uns selbst schockiert, wie wir einen Fremden plötzlich angefahren haben, wie uns die Hand gegenüber einem Kind ausgerutscht ist oder wie wir bei einem feucht-fröhlichen Betriebsfest über die Stränge geschlagen haben. Hernach sagen wir: »Das kann ich doch gar nicht gewesen sein!« Im Schattenreich entstehen jene Eigenschaften, die andere Menschen an uns beobachten, die wir aber weder begreifen noch wahrhaben wollen.

Den wichtigsten Grund, sich mit dem Schattenreich zu befassen, sehe ich darin, daß diese Spaltung unserer selbst, die Spaltung in Selbstbild und Schatten, letztlich für unsere Urangst verantwortlich ist. Für die Angst, »erkannt« zu werden in unserer Ganzheit als Licht und Schatten. Der biblische Ausdruck »erkennen« deutet an, daß wir uns hier philosophischen und religiösen Fragen nähern (Schatten könnte auch für »Sünde« stehen), die in Kapitel 11 näher behandelt werden sollen.

Für unseren Alltag möchte ich zum Abschluß dieser Betrachtung über das Selbstbild den Stuttgarter Pfarrer Jörg Zink zitieren, der sehr prägnante Ratschläge für den Umgang mit sich selbst gibt. Er empfiehlt »Nüchternheit seinen eigenen Klagen gegenüber, Distanz gegenüber seinen Bedürfnissen und Humor seiner Wichtigkeit gegenüber«. Zink warnt aber auch: »Wer sich zu ausschließlich mit sich selbst befaßt, verbringt sein Leben damit, sich mit anderen zu vergleichen, statt mit ihnen zu leben, oder Menschen zu bessern, statt sie zu lieben.«

Meine persönliche Identität entsteht also immer nur im Zusammenleben mit anderen Menschen (ausführlicher hierzu Kapitel 9 und 10). Meine Ich-Werdung ist niemals losgelöst von dieser partnerschaftlichen Beziehung zur Welt, ohne die ich sonst in Hypochondrie, Egoismus und falscher Eigenliebe gefangen bliebe.

Ich lebe im Spannungsfeld zwischen zwei Bedürfnissen: einerseits so zu sein wie andere, andererseits mich aber auch von anderen unterscheiden zu wollen. Wenn ich den anderen als meinen Bruder, der mir gleicht und doch von mir verschieden ist, annehmen kann, werde ich offen für die Welt. Dann kann ich sein, wie ich bin.

3 Mangel: Vom gemütlichen Elend in die Krise

Seit über 20 Jahren leben die Menschen in den westlichen Industriegesellschaften im Überfluß. Die wirtschaftliche Entwicklung nach dem Zweiten Weltkrieg hatte in ungeahntem Maße den privaten Wohlstand anwachsen lassen und breiten persönlichen Besitz ermöglicht. Innerhalb weniger Jahre konnte sich fast jeder Bürger Konsumartikel, Reisen, Unterhaltung usw. leisten, die bis dahin nur einer kleinen Schicht von Wohlhabenden zugänglich waren. Zwar können sich auch heute viele keinen Urlaub in Kenia oder auf den Bahamas leisten, und für einzelne ist selbst ein eigener Telefonanschluß immer noch zu kostspielig. Aber zum Beispiel in der Bundesrepublik wurde in den zurückliegenden Jahren für 95 Prozent der Bevölkerung ein Lebensstandard zur Selbstverständlichkeit, den kurz zuvor kaum 5 Prozent der Bürger sich leisten konnten. Längst gelten Apfelsinen nicht mehr als exotische Früchte, gehören Kühlschränke und Auslandsreisen einfach zum Lebensalltag, und selbst für den 19jährigen wurde das eigene Auto und mitunter die eigene Wohnung zur Selbstverständlichkeit. Die Regale der Kaufhäuser und Supermärkte quellen über, Werbeprospekte und Anzeigen überschwemmen uns mit Angeboten.

Zwar können die Älteren sich noch an wesentlich kärglichere Zeiten zurückerinnern, den meisten von uns fällt es jedoch schwer, sich ein Leben ohne diesen Wohlstand vorzustellen. Daß es an anderen Ecken der Welt und auch in manch einer Rentnerwohnung oder in Obdachlosenasylen im eigenen Land auch heute noch anders aussieht, wurde vergessen und verdrängt. Das sind für uns andere Welten, die nichts mit unserer eigenen Welt zu tun haben.

Wir vergessen schnell und gern, daß der Überfluß, historisch gesehen, eine recht neue Entwicklung darstellt und daß er auf der

Erde eben doch regional begrenzt ist. Daraus, daß wir einige Jahre diesen Wohlstand empfangen haben, leiten wir für uns einen Anspruch auf diesen Lebensstandard ab. Und dankbar zu sein für das, was uns selbstverständlich geworden ist, etwas Eigenes dafür einzubringen, das kommt uns nicht in den Sinn, weil wir es einfach verlernt haben.

Selbständigkeit, ein gutes Einkommen, berufliches Ansehen, aber auch Streß und Hetze charakterisierten das Leben von Helga, einer 34jährigen Anwaltsgehilfin. Sie war Bürochefin einer Kanzlei und erntete für ihre Arbeit von allen Seiten viel Lob. Wenn Helga dann am Wochenende zu ihrem Freund Franz fuhr, der 100 km entfernt wohnte, mußte sie erst mal Luft holen. Sie fühlte sich ausgelaugt, war dabei nervös und vermochte nicht, auf ihren Freund einzugehen. Vielmehr verlangte sie von ihm, daß er sie umsorgte, ihr zuhörte und Rücksicht auf sie nahm. Seine Zärtlichkeiten wies sie meist zurück. Sie fürchtete, von ihm umgarnt und »eingefangen« zu werden. Ein bißchen Reserviertheit, meinte sie, könne nicht schaden – schon um ihre berufliche Selbständigkeit zu bewahren.
Wenn Helga dann am Sonntagabend wieder nach Hause fuhr, ließ sie Franz meist enttäuscht im Durcheinander seiner Wohnung zurück. Die Trennung während der Woche empfand Helga als hilfreich. So konnte sie ihr eigenes Leben haben, brauchte keine Abstriche an ihren Plänen zu machen und konnte Franz ausreichend auf Distanz halten.
Helga hatte alles, was ein zufriedenes Leben zu garantieren schien: Anerkennung im Beruf, einen aufmerksamen Freund, eine geschmackvoll eingerichtete Wohnung, ein flottes Auto. Wenn nur ihre Beschwerden nicht dazu gekommen wären: Helga schlief schlecht, sie hatte keinen Appetit und rauchte täglich mehr als 30 Zigaretten.

Wie Helga beginnen wir erst allmählich zu ahnen, daß wir für den äußeren Reichtum eben doch Opfer bringen müssen. Wir ahnen, daß unsere Gesellschaft Wohlstand und Bequemlichkeiten mit innerer Leere und Langeweile, mit zunehmender Distanz vom Mitmenschen, mit Zivilisationskrankheiten wie Diabetes oder rheumatischen Beschwerden bezahlen muß.
Das Motto der Überflußgesellschaft, wie es insbesondere durch Werbung und Massenmedien verkündet wird, lautet nun aber, daß wir alles haben können, ohne daß uns dafür ein Preis abverlangt wird. Warum dann verzichten?

Die Versprechungen verführen uns allzuleicht dazu, alles haben zu wollen. Wer alles haben will, kann sich für nichts mehr entscheiden. Er gleicht dem Esel, der zwischen den beiden Heuhaufen verhungert, weil er sich für keinen der beiden entscheiden kann. Über eine der beiden Futterkrippen gebeugt, können wir das köstliche Heu nicht genießen, weil wir auf den anderen Heuhaufen schielen und uns vorstellen, was uns dort wohl alles entgeht.

Noch im Urlaub plant manch einer schon seine nächste Reise, bei der Suppe denkt er schon ans Dessert, beim Vorwort des Buches schon an das Schlußkapitel. Wir haben verlernt, den Augenblick zu genießen, und leben statt dessen in der Vergangenheit oder in der Zukunft. Ungeduld, Unzufriedenheit, Leere – das ist die Kehrseite des Überflusses.

Einer der Feinde von Glück und persönlicher Zufriedenheit heißt Neid. Der Neid mißachtet, daß jeder Mensch seinen eigenen Weg zum Glück suchen und finden muß. Wer neidisch ist, würde am liebsten die vorgefertigten Glücksrezepte der anderen übernehmen. Wer neidisch ist, hat vergessen, daß Glück für jeden Menschen etwas anderes bedeutet. Glück kann nicht vom Mitmenschen abgeguckt oder gar aus Zeitschriften, Romanen oder aus dem Fernsehen übernommen werden. Erfahrungen von Glück lassen sich nicht miteinander vergleichen oder gegeneinander abwägen. Der Neid aber will glauben machen, man habe sein Glück schon gewonnen, wenn man etwas Bestimmtes nur erst besitze.

Daß Reichtum nicht glücklich macht, ist eine Binsenweisheit, die wir in den Klatschspalten nachlesen können. Millionenfach und gern gelesen werden jene Geschichten in den Boulevardblättern, in denen etwa eine schöne, reiche Gräfin verunglückt, ein gefeierter Schauspieler wieder einmal Pech in der Liebe hat oder ein strahlender Showstar dick und unansehnlich, einsam und verlassen wird. In den Schreck und das Mitleid mischt sich die Schadenfreude: Man hat es ja gewußt. Zufrieden registriert hier mancher die Bestätigung seiner Überzeugungen.

Und dennoch: Wer ehrlich mit sich ist, wird feststellen können, daß auch er immer wieder denselben Illusionen nachhängt: Besitz und Wohlstand, ein faltenloses Gesicht, das Idealgewicht und ein getrimmter Körper sollen uns Glück und Zufriedenheit, Liebe und Freundschaft garantieren. Die Warnsignale, daß mit dieser Mentalität etwas nicht stimmt, werden aber immer deutlicher. Ein existentieller Mangel als Kehrseite des Überflusses zeigt sich in vielerlei Gestalt:

- Ein Drittel aller Bundesbürger, hieß es kürzlich in der Presse, seien gegenwärtig seelisch krank oder bereits einmal psychisch erkrankt gewesen.
- Die Hauptstelle gegen die Suchtgefahren mußte in den letzten Jahren ihre Zahlen über die Alkoholabhängigkeit in der Bundesrepublik immer wieder nach oben korrigieren: Ende der 70er Jahre war die Rede von ca. 1,2 Millionen Alkoholikern gewesen, nach einer Schätzung von 1,5 Millionen im Jahre 1982 stieg die geschätzte Zahl süchtiger Mitbürger auf 1,8 Millionen im Jahr 1985.
- Nach einer Information der gemeinnützigen »Deutschen Schmerzhilfe« geben Hausfrauen durchschnittlich 50 bis 100 Mark ihres monatlichen Haushaltsgeldes für den Kauf frei erhältlicher Schmerzmittel aus. Bei immer banaleren Anlässen werde schon vorbeugend zu Tabletten gegriffen. Etwa 1000 bis 1200 Patienten in der BRD begingen jährlich Selbstmord, weil sie sich aus ihrer Abhängigkeit von Medikamenten nicht befreien konnten.
- Mit trauriger Regelmäßigkeit wird über Kinder und Jugendliche berichtet, die aus eigenem Entschluß aus dem Leben scheiden. Jährlich geht ihre Zahl in die Hunderte. Aber meist rütteln erst spektakuläre Einzelfälle wie der gemeinsame Freitod von drei Aachener Jugendlichen im Frühsommer 1985 die Öffentlichkeit für kurze Zeit wach. Warum junge Menschen aus sogenannten »geordneten Verhältnissen«, Jugendliche mit Lehrstellen, Arbeits- und Ausbildungsplätzen, mit Freunden und einer Stereoanlage ihrem Leben selbst ein Ende setzen – diese Frage löst meist nicht mehr als ein Schulterzucken aus. Das Signal bleibt rätselhaft, die Botschaft wird nicht ver-

standen, das schreckliche Geschehnis wird als Einzelfall abgetan.

Diese kurze Zusammenstellung zeigt nur die Spitzen eines Eisbergs. Jährlich kommen in unserem Lande mehr Menschen durch Freitod um als durch den Straßenverkehr. Und auch auf den Straßen spricht oft eine »selbstmörderische« Fahrweise für den Versuch, angesichts der dumpf empfundenen Leere des Daseins dem Leben noch einen letzten Reiz abzuringen. Die erschreckend hohe Zahl von Alkohol-, Tabletten- und Drogenabhängigen in den Industrieländern bildet kein nur in sich abgegrenztes Problem, sondern steht auch für das allgemein extrem hohe Niveau des Gebrauchs von Genußgiften in unserer Gesellschaft. Jeder Bundesbürger von über 15 Jahren beispielsweise konsumiert im Durchschnitt jährlich 200 Liter Bier, 19 Liter Wein und 4 Liter Branntwein. Daneben wurden auch Nikotin- und Eßsucht zu allgemeinen Lastern der Überflußgesellschaft. So gilt heute etwa jeder dritte Bundesbürger als übergewichtig.

Was aber soll damit ausgeglichen werden? Welche Löcher sollen hier gestopft werden? Wofür möchte sich der Wohlstandsbürger durch dieses Suchtverhalten entschädigen? Welche Wunden werden so verdeckt? Welche Verluste sollen auf diesem Weg kompensiert werden?

Wer aufwacht, dem drängen sich diese Fragen auf.

»Das kann doch nicht alles gewesen sein« lautete die resignierte Frage von Jochen, einem 48jährigen Ingenieur. Erfolgreich war er seit Jahren in einem großen Betrieb an leitender Stelle tätig, hatte eine nette Frau, wohlgeratene Kinder, ein eigenes Haus. So hatte er eigentlich alles erreicht, was er sich für sein Leben vorgenommen hatte. Trotz der vielen Arbeit war Jochen gesundheitlich auf der Höhe. Gelegentlich traf er sich mit Freunden zum Skat oder zum Wandern, und er spielte regelmäßig Tennis.

Dennoch gab es Augenblicke, in denen Jochen Wehmut überfiel. Dann fühlte er sich für Stunden schwach und lustlos. Seit seiner Studentenzeit war er gewohnt gewesen, daß es aufwärts ging. Nun war er oben und hatte plötzlich keine Ziele mehr vor sich, nach denen er sich strecken konnte. Er sehnte sich zurück in die ersten Berufs- und Ehejahre – obwohl die Familie damals noch jede Mark zweimal hatte umdrehen müssen. Damals war er noch auf jedes Projekt persönlich stolz gewesen, das er hatte leiten dürfen, auch wenn dies eigentlich nur Überstunden mit sich brachte. Nun aber fiel ihm morgens das Aufstehen schwer, und abends schlief er schlecht ein. Dachte er an die kommenden Jahre seines Lebens, dann sah er nur grauen Alltagstrott vor sich.

»Das kann doch nicht alles gewesen sein«, ist die ernüchterte Bilanz mancher Menschen, die um die Mitte ihres Lebens zwar recht angenehme Lebensverhältnisse erreicht haben, das »Eigentliche« aber doch irgendwie vermissen. Diese diffuse Unzufriedenheit von Menschen, die »an sich« doch glücklich und zufrieden sein müßten, unterscheidet sich meines Erachtens nicht grundsätzlich von der existentiellen Leere des Süchtigen, des Selbstmörders, des depressiv kranken Menschen. Der Mangel dieser Leidenden wird zwar intensiver gespürt, bohrt tiefer, reißt größere Wunden – doch im Grunde begegnen wir hier den gleichen Sehnsüchten: Unerfüllt bleiben die Bedürfnisse nach mitmenschlicher Nähe, nach Selbstverwirklichung und nicht zuletzt nach einem Lebenssinn im Rahmen eines persönlichen Glaubens.

Mitmenschliche Nähe und Geborgenheit in sozialen Beziehungen sind für seelische und körperliche Gesundheit unbedingt notwendig. Dies verdeutlichte zum Beispiel auch eine Untersuchung in der Kleinstadt Rosato im US-Bundesstaat Pennsylvania. Hier hatte es eine sehr lebendige, innig verbundene italienische Volksgruppe gegeben. Im gleichem Maße, wie nun aber der soziale Kontakt in dieser Gruppe durch Wegzug, Aussiedlung in andere Stadtbezirke und Heirat mit anderen ethnischen Gruppen sowie durch eine engere Abschottung in der Kleinfamilie abnahm, in gleichem Maße schnellte auch die Anzahl der Herzinfarkte in dieser Kleinstadt in die Höhe.

Überall wo soziale Bande zerschnitten werden, treten vermehrt psychosomatische Erkrankungen auf. Ein Angestellter, der sich seinen alten Kollegen entfremdet, indem er auf einen vorgesetzten Posten befördert wird, trägt zum Beispiel ein erhöhtes Risiko für eine Magen-Darmkrankheit. Auch der Auszug aus dem

Elternhaus, eine Scheidung oder der Tod eines nahen Angehörigen bringen solche gesundheitlichen Risiken mit sich.
Die steigende Zahl von Ein-Personen-Haushalten (in einigen Städten schon mehr als die Hälfte aller Haushaltungen) veranschaulicht die zunehmende soziale Distanz zwischen den Menschen. Unserer Gesellschaft sind zahlreiche althergebrachte zwischenmenschliche Kontaktmöglichkeiten verlorengegangen. Unser nüchternes, wissenschaftliches Zeitalter scheint keinen Bedarf mehr für soziale Riten und gesellschaftliche Mythen zu haben.
Um die Buchhaltung effektiver zu machen, wurde auf bargeldlosen Zahlungsverkehr umgestellt. Statt der Lohntüte und dem Händedruck vom Zahlmeister kommt heute nur noch ein Kontoauszug. Schreibautomaten ersetzen persönliche Briefe, und im Supermarkt bedient man sich selbst. Im Sinne der demokratischen Gleichheit wurden äußere Kennzeichen der beruflichen Stellung abgeschafft. So wäre es beispielsweise früher undenkbar gewesen, wenn Chefarzt und Medizinstudent beide gleichgeschnittene, mit den gleichen Knöpfen versehene Ärztekittel getragen hätten, wie dies aber heute der Fall ist.
So wünschenswert demokratisch derartige Veränderungen auch gewesen sein mögen – über die Folgen solcher Umstellungen für unser soziales Bewußtsein und damit auch für unser seelisches Gleichgewicht müssen wir uns klar werden. Fehlt uns die soziale Struktur in unserer Umwelt, so geht uns immer auch ein Stück Sicherheit, Überschaubarkeit und Vorhersagbarkeit im sozialen Umgang verloren. (Daß trotz der Abschaffung äußerlicher Zeichen der sozialen Unterschiede die realen Machtverhältnisse dennoch oft unangetastet blieben, sollte allerdings nicht vergessen werden.)
Wenn ein Mensch von einer Lebensphase in die nächste übertritt, sind gesellschaftliche Rituale zur Markierung dieser Übergänge besonders wichtig. In Indien wird noch heute der Tag festlich begangen, an dem das sechs Monate alte Kind zum ersten Mal eine feste Nahrung, nämlich Reis, zu sich nimmt und so vom Säugling zum Kleinkind wird. Auch die Einschulung bei uns mit

Schultüte, Fotos, Reden usw. bleibt ein wichtiger Einschnitt und eine bedeutsame Erinnerung. Später sind dann Erstkommunion und Konfirmation, Schulabgang und Abschluß einer Lehre oder eines Studiums markante Schritte im Leben eines Menschen.

Regeln und Riten sind nicht nur bloße Formalien, sondern machen diese Einschnitte greifbarer und leichter zu handhaben. Sie erleichtern es, die Unsicherheit und die Angst zu bewältigen, die solche Übergänge nun einmal mit sich bringen. Sie veranschaulichen ganz konkret, daß man nun einer neuen sozialen Gruppe angehört und geben allen Beteiligten Anlaß zu einer Neuorientierung.

Dem nüchtern-wissenschaftlichen Trend der Zeit folgend, versuchte man in den letzten Jahren diesen Übergängen alles Rituelle zu nehmen. Man machte die Vorbereitungsphasen auf die Feste kürzer und noch am Abend der Konfirmation flimmert schon wieder die Sportschau über den Bildschirm: Ein Tag wie jeder andere – kein »Tag so wunderschön wie heute«. Nüchtern werden am folgenden Tag die eingesammelten Geschenke begutachtet und mit den Kameraden verglichen. Auch die bürgerlichen Konventionen von Verlobung, Heirat, Taufe usw. haben für viele Menschen an Bedeutung verloren. Sie werden als spießig abgelehnt, obwohl alle Gesellschaften zu allen Zeiten ihre Sitten, Gebräuche und Rituale gehabt haben. Der innere Gehalt und die zwischenmenschliche Bedeutung solcher Feiern gerieten in Vergessenheit, und viele verkannten den existentiellen Wert solcher Riten im Lebenszyklus eines Menschen.

Wenn man die äußere Form ihres Inhalts und ihrer grundlegenden Bedeutung beraubt, wird man über kurz oder lang auch diese äußerlichen Förmlichkeiten über Bord werfen. Doch damit geht viel verloren: Das Leben wird zum Einheitsbrei, dem die Tiefe fehlt. Werden soziale Riten über Bord geworfen, dann kommen sowohl der Lebensernst als auch das Feiern unseres Lebensfestes zu kurz. Eine Taufe, eine Hochzeit, die Einführung in ein Amt, die Freisprechung eines Gesellen, ja sogar eine Beerdigung – sie alle feiern das Fest des Lebens und bringen uns den Ernst des begrenzten Lebens nahe.

Gesellschaftliche Rituale, von den Urkunden über die Ansprachen bis hin zur festlichen Kleidung, sind auch deshalb wichtig, weil sie Gemeinschaft erlebbar machen, weil sie dem Leben Momente meditativer Tiefe zu geben vermögen und weil sie das Leben unterstreichen, es gleichsam vor uns selbst bestätigen.
Rituale verzögern Lebensübergänge und Lebensentscheidungen, die für wenige Stunden wie im Zeitlupentempo ablaufen. Dies erleichtert Umstellung und Anpassung.
Sich in eine neue Situation einzufinden – das ist die schwere und oft schmerzliche Aufgabe für jeden, der einen nahen Angehörigen verloren hat. Nur langsam verheilt diese tiefste und bitterste Wunde, die wir kennen. Mancher kommt auch nach Jahrzehnten nicht über den Tod eines Elternteils oder Partners oder über eine Scheidung hinweg.
Wo solch ein Verlusterlebnis nicht überwunden werden kann, bricht ein bleibender seelischer Mangel auf. Dies traf zum Beispiel auf die 53jährige Martha zu, die ich auf einer gynäkologischen Station kennenlernte:

Marthas Ehemann war elf Jahre zuvor an einer Magenblutung verstorben. Nun lebte sie allein in ihrem kleinen Haus mit dem großen Garten. Die fünf Kinder und Enkelkinder wohnten in der näheren und weiteren Umgebung; eine Tochter war vor zwölf Jahren bei einem Autounfall ums Leben gekommen. Martha erzählte mir, wie sie nicht nur ihren Haushalt ganz selbständig versorgt, sondern auch auf alle Obstbäume klettert und ihre Wohnung zum Teil selbst renoviert hat. Zwar sei sie nachmittags gelegentlich bei den Kindern zum Kaffee eingeladen, abends fühlt Martha sich dann jedoch immer sehr allein. Sie konnte nach dem Tod ihres Mannes nicht wirklich loslassen und lebt überwiegend in der Vergangenheit. Ablenkung verschafft sie sich zum einen durch Arbeit, vor allem aber auch durch Besuche auf dem Friedhof.
Martha fragt nach dem Sinn des Lebens. Sie getraut sich nicht, ihre Schwäche und ihren Schmerz zu zeigen, denn sie war immer die standhafte, selbständige Mutter. Jetzt hat sie in ihrem Innern mit dem Leben abgeschlossen. Mit ihrem Mann war sie immer auf sich allein gestellt. Die beiden waren völlig mittellos aus Jugoslawien nach Deutschland ausgesiedelt und hatten sich alles selbst aufgebaut. Martha war immer nur für andere dagewesen. Nach dem Tod ihres Mannes hatte sie die Kinder allein weiter aufgezogen, sie wollte keine Hilfe und zeigte

immer, daß sie alles allein konnte. Auch jetzt noch will Martha niemandem zur Last fallen – selbst den eigenen Söhnen und Töchtern nicht. Unter dem Vorwand, sie wolle niemanden ausnützen, kann sie keine guten Gaben, keine Hilfen annehmen. Es fällt ihr schwer, auch einmal an sich selbst zu denken. Auch die Aufnahme in die Frauenklinik wegen Harninkontinenz beispielsweise erfolgte nur auf Betreiben der Tochter, obwohl Martha bereits seit 17 Jahren das Wasser nicht mehr richtig hatte halten können – so sehr hatte sie verinnerlicht, keine eigenen Bedürfnisse haben zu dürfen und Mühsal und Plage ertragen zu müssen.
In der beschützenden Atmosphäre des Krankenhauses gelang es Martha mit Hilfe der Zuwendung durch Pflegekräfte, andere Patientinnen und Ärzte, ihre eigenen Bedürfnisse und damit sich selbst wieder mehr in den Mittelpunkt ihres Lebens zu stellen. Sie ließ sich jetzt selbst gern einmal versorgen, nutzte die Muße und freie Zeit, sich auf andere Menschen einzulassen, und knüpfte Kontakte wie nie zuvor zu Hause. Martha zweifelte allerdings daran, ob diese Veränderungen zu Hause anhalten würden, und sah voraus, daß sie wieder in den alten Trott verfallen würde.

Hilflosigkeit und Depression sind häufige und verständliche Reaktionen auf den Verlust des Partners. Medizinische Untersuchungen haben außerdem gezeigt, daß nach solch einem Ereignis der Betroffene für ein bis zwei Jahre ein hohes Risiko trägt, einen Unfall zu erleiden oder selbst zu erkranken. In dieser Zeit häufen sich Herzinfarkte, Lungenentzündungen, Tuberkulose und auch Krebserkrankungen.
Männer scheinen dabei gefährdeter zu sein als Frauen. Wahrscheinlich liegt das daran, daß Frauen eher bereit sind, ihre Gefühle zu zeigen und um emotionale Hilfe zu bitten. Männer haben dies oft nicht gelernt und verspüren ein gesellschaftliches Verbot, »sich so gehen zu lassen«. Darum halten sie ihre Verzweiflung und ihre Spannungen häufiger in sich selbst gefangen, was häufig den Weg für Krankheit bahnt.
Aber auch Martha in unserem Beispiel lebte unter anderem deshalb im Mangel, weil sie sich nicht traute, um etwas zu bitten oder sich gar selbst etwas zu nehmen. Sie glaubte, daß ihr viele Freiheiten und Genüsse des Lebens einfach nicht mehr zustünden. Im Grunde beruhte auch diese Zurückhaltung wieder auf

einem Mangel an Selbstwertgefühl. Viele Menschen leisten falschen Verzicht – es fällt ihnen schwer, um etwas zu bitten. Dies kann man zum Beispiel daran ablesen, daß sie die Hand vor den Mund halten oder daß sie kichern oder zu Boden sehen, wenn sie eine Bitte äußern.

Peter Handke nennt es das »wunschlose Unglück«, in das Menschen sich bescheiden. Ein anderer Schriftsteller, Hans Magnus Enzensberger, sprach vom »gemütlichen Elend«, in dem sie es sich einrichten. Wie Martha wissen viele auf die Frage nach ihren Wünschen vom Leben wenig zu sagen. Oft nehmen sie Zuflucht zu ganz pauschalen Antworten und nennen nur Schlagworte wie »Gesundheit« oder »keine finanziellen Sorgen«. Mit diesen Begriffen ist natürlich schon sehr Wichtiges zusammenfassend beschrieben – aber gerade weil sie so allgemeingültig und von jedermann akzeptiert sind, scheinen sie auch flach und nichtssagend. Sie verbergen nur unvollständig, daß im Grunde schon mancher Dreißigjährige mit dem Leben abgeschlossen hat.

Zur Selbstverwirklichung, zum »In-der-Welt-sein« gehört, etwas vom Leben zu wollen und etwas von sich selbst zu fordern. Selbstachtung erwächst daraus, etwas Eigenes auf die Beine zu stellen, sich selbst auszudrücken und damit unverwechselbar zu sein.

Wer mit dem Leben abgeschlossen hat, verliert sich selbst. Er kann keinen Schlußstrich ziehen und nur noch auf das Vergangene zurückblicken, sei es auch noch so erfüllt und erfolgreich – der Prozeß der Selbstfindung ist niemals abgeschlossen. Ein Fahrrad, das nicht mehr rollt, kippt um. Ein Flugzeug, das in der Luft stehenbleiben würde, verlöre den Auftrieb und stürzte ab – und ebenso würden wir unsere Identität verlieren, wenn wir uns nicht mehr fortentwickelten. Es käme zum Stillstand, wenn wir uns und dem Leben nichts mehr abverlangten.

Wo diese Bewegungsrichtung im Leben verlorengeht, entgleiten wir uns selbst. Menschen, die ihre Selbstachtung verloren haben, leben im Mangel. Während Kinder, zumal wenn sie klein sind, die Liebe und Achtung durch andere zum Wachsen brauchen wie Blumen das Wasser, kann für einen Erwachsenen die Anerkennung durch andere niemals die Selbstachtung ersetzen. Wer nämlich von sich selbst eine schlechte Meinung hat, wird sich in dieser Meinung immer von anderen bestätigt finden – er wird sich bei den anderen einfach diejenigen Äußerungen herausfischen, die in sein Schema passen. Selbstkritisch wird die Brille sein, durch die er alles betrachtet, und der Filter, durch den er alles hört.

Unter dem Stichwort »Mangel« könnten auch jene Lebensumstände zusammengefaßt werden, die Jutta krank gemacht hatten:

Jutta war 41 Jahre alt und litt seit drei Jahren immer wieder an Entzündungen der Eileiter und Eierstöcke (Adnexitis). Ihr seelischer Mangel und ihre Krankheit waren Ausdruck eines tiefen persönlichen Konflikts und einer mißglückten Partnerwahl, auf die wir in unseren Gesprächen stießen. Hier schilderte Jutta sich als fröhlichen Menschen, der sich in einer ausgelassenen Runde am wohlsten fühle. Ihr Ehemann bliebe dagegen lieber daheim. Er sei immer mißtrauisch und werde leicht eifersüchtig. In ihrer 21jährigen Ehe hätten sich diese Tendenzen zuletzt immer mehr verstärkt.

Jutta stammte aus einem festgefügten Elternhaus. Mit 20 Jahren hatte sie ihre strengen, ordentlichen, aber liebevollen Eltern verlassen und einen Mann geheiratet, der ihr ebenso zuverlässig und väterlich-wissend erschien. Hier suchte sie Anlehnung und Halt. Bald schon gebar Jutta in rascher Folge zwei Söhne, was aber nur vorübergehend etwas Wirbel in die behäbige Ehe brachte. Bei aller ehelichen Sicherheit empfand Jutta in den folgenden Jahren eine zunehmende innere Unruhe. Sie verspürte mehr und mehr Lust, sich gegen diese Welt aufzulehnen, aus ihrer Ehe auszubrechen und eine Rebellion nachzuholen, die sie als Teenager verpaßt hatte. Daß dabei die Sexualität in ihrer Ehe für Jutta jede Bedeutung verlor und sie sich auch auf diesem Gebiet Abwechslung und Ausbruch wünschte, bildete nur ein weiteres Mosaiksteinchen in diesem Bild.

Gegen den Willen ihres Mannes nahm Jutta eine stundenweise Beschäftigung als Putzhilfe bei einer Behörde an. Sie begann, sich mit ihren Kolleginnen von dort auch privat zu treffen, um gemeinsam etwas zu unternehmen. Mit einer oder zwei Freundinnen ging Jutta gelegentlich tanzen, und es hätte, wie sie es ausdrückte, »durchaus auch mehr passieren können«. Jedem ist klar, daß sich dabei der eheliche Konflikt zuspitzen mußte. Immer häufiger kam es zu schweren Streitereien, in deren Verlauf Juttas Ehemann auch drohte, sich umzubringen. Daraufhin beschloß Jutta, ihre außerhäuslichen Aktivitäten aufzugeben. Als sie

nun aber in die Eheburg zurückkehrte, brach ihre Unterleibsentzündung zum ersten Mal aus. Jutta bekam heftige Schmerzen, Fieber und mußte wochenlang das Bett hüten.
Zwischen dem 36. und 41. Lebensjahr war Jutta dann mehrmals wegen dieser Erkrankung für mehrere Wochen in verschiedenen Krankenhäusern. Zwischendurch nahm sie in Zeiten der Genesung wieder ihre alten Unternehmungen auf, erkrankte aber immer wieder, so daß ihr schließlich in einer Operation beide Eileiter und Eierstöcke entfernt werden mußten.

Dieses traurige Beispiel von Jutta zeigt, wie lange ein innerer Konflikt manchmal ruhen kann, bis eines Tages der Waffenstillstand zwischen den widerstreitenden Bedürfnissen (und in diesem Fall zwischen den beiden Partnern) gebrochen wird. Jutta konnte sich mit dem »gemütlichen Elend« nicht mehr abfinden. Zu lange hatte sie einseitig nur einen Teil ihrer selbst zum Zuge kommen lassen und nur ihren Wunsch nach Sicherheit und Anlehnung an eine Vaterfigur gelebt. Als sie ihr unterdrücktes Bedürfnis nach Ausbruch und Abenteuer erstmals zuließ, mußte es zur Ehekrise kommen. Als Jutta aber schließlich wieder einlenkte, verkrampfte sie – so die psychosomatische Vorstellung – ihren Unterleib mit seinen Nerven und Gefäßen derart, daß sich eine Entzündung entwickeln konnte. Daß sich ihre Erkrankung gerade in den Sexualorganen ausdrückte und zum Beispiel nicht in einer Migräne oder rheumatischen Beschwerden, zeigt wahrscheinlich, daß bei Juttas innerem Konflikt gerade die Sexualität eine große Rolle spielte.
Mit ihrer Krankheit verweigerte Jutta sich außerdem der körperlichen Liebe als Ausdruck ehelicher Gemeinschaft und wies ihren Ehemann in seinen Bedürfnissen zurück. Über die Jahre (ohne angemessene Psychotherapie oder noch besser Partnertherapie) wurden Juttas Beschwerden dann chronisch und schädigten die Organe in ihrer Struktur, so daß zuletzt nur noch eine Operation »helfen« konnte. Der persönliche und der eheliche Konflikt wurden dadurch aber keineswegs gelöst.
Kann ein Mensch sich wirklich auf Dauer im »gemütlichen Elend« einrichten und sich mit dem Mangel abfinden? Thorwald

Dethlefsen, der in München esoterische Psychotherapie betreibt, meint, daß das Leid dafür sorge, daß der Mensch die Suche nach dem Glück nicht aufgebe.
Nun haben wir aber gesehen, daß beispielsweise Jutta jahrelang mit ihrem Mangel leben konnte und Martha bescheiden auf Sparflamme lebte. Auch Juttas Operation stellte ja keine Konfliktlösung dar, und ich befürchte, daß sie noch heute zwischen den Polen ihrer Bedürfnisse hin- und herpendelt. (Gerade die materielle Abhängigkeit etwa in der Ehe macht vielen Menschen trotz Leid eine Lösung und Ablösung nahezu unmöglich.)
Dabei hatte Jutta die Chance gehabt. Durch ihren Mangel war sie in eine *Krise* geraten. »Krise« bedeutet nun aber nichts anderes als »Entscheidung«: Welchen Weg wollte sie für ihre Zukunft gehen? Welchem Impuls wollte sie folgen? Eine Entscheidung war es auch, was bei Bernd, dem jungen Bundeswehrveränderer aus dem zweiten Kapitel, fällig wurde. Bei ihm hatte sich der Mangel an Selbstbewußtsein zur Krise zugespitzt: eine Chance zur Entscheidung, eine Chance zum Neuanfang.

4 Neue Erfahrungen: Wann, wenn nicht jetzt?

»Wer seine Hand an den Pflug legt und sieht zurück, der ist nicht geschickt für das Reich Gottes« (Lukas 9,62). Dieses markante Jesus-Wort beschreibt meines Erachtens treffend die Lebenssituation von Martha, die im vorigen Kapitel berichtet wurde: Marthas Blick war nach rückwärts gewandt, sie erwartete nichts mehr vom Leben, vor lauter Bescheidenheit legte sie ihre Hand nicht einmal mehr an den Pflug, um die nächsten 30 Jahre ihres Lebens fruchtbar zu gestalten. »Reich Gottes« kann hier als Sinnbild für das erfüllte Leben verstanden werden, für den Acker, der reiche Ernte bringt. Und wie der Bauer, der sich beim Pflügen umwendet und deshalb nur schiefe Furchen zustandebringt, so war Marthas Leben, solange sie nur in der Vergangenheit verhaftet blieb, trocken und arm. Damit »verfehlte« Martha aber ihr Leben, wurde sie ein »in sich verkrümmter Mensch«, wie charakteristischerweise Martin Luther den »Sünder« gekennzeichnet hat. Diese Verkrümmtheit begann sich zwar während des Krankenhausaufenthaltes langsam zu lösen, und Martha taute auch emotional auf. Sie fing an, von sich selbst zu sprechen, sich wichtig zu nehmen und knüpfte zum ersten Mal Kontakte nur für sich selbst. Doch sie befürchtete, nach ihrer Rückkehr wieder in den alten Trott zu verfallen.
Für Martha war das Krankenhaus eine andere, eine völlig neue Umgebung. Hier hatte sie keine eingefahrenen Verhaltensweisen zur Verfügung, und sie konnte neue Schritte wagen. Spontane Veränderungen fallen uns oft leichter als die langwierige, zähe Arbeit an uns selbst. Dies erfuhr auch Helga, als Franz sich von ihr trennte, weil ihm ihre Beziehung immer leerer und oberflächlicher vorkam. Nun erst wurde Helga sich mit einem Schlag der Einsamkeit und Kälte bewußt, in der sie gelebt oder besser: funktioniert hatte. Zum ersten Mal seit langer Zeit weinte sie, und

als sich dabei ihre Spannungen, ihre Nervosität und Ziellosigkeit zu lösen begannen, da fing Helga an, sich Rechenschaft über ihr Leben abzulegen. Was hatte darin Bedeutung? Diese Inventur gab Helga die Chance zum Neubeginn.
Viele Menschen erleben Rückschläge, Krankheiten oder Verlust aber eher als Stolpersteine auf ihrem Lebensweg. Sie kommen aus dem Tritt. Statt aber diese Krisen als Chance für eine Neuorientierung und für eine neue Zielbestimmung in ihrem Leben zu nutzen, ziehen sie sich zurück. Nach ihren negativen Erfahrungen halten sie sich für schwach und hilflos.
Dabei haben viele Menschen gerade aus ihren Schwächen und Niederlagen den Ansporn und die Kraft für die größten Leistungen gewonnen. Zum Beispiel Helen Keller, die, obwohl blind und taub geboren, eine wichtige Schriftstellerin wurde; oder jener Weltklasse-Tennisspieler, dem seit einem Autounfall im Kindesalter eine Lungenhälfte fehlt; oder die Gründer ungezählter Selbsthilfegruppen, die ihr Leiden gemeinsam mit anderen meistern wollten und eine neue soziale Bewegung auf die Beine stellten.
Der Laufpaß, den uns ein Freund gibt, die Krankheit, die uns zum ersten Mal seit Jahren wieder ans Bett fesselt und uns zu Gleichmut und Geduld zwingt, die Zensuren unseres Kindes, über die wir enttäuscht sind – solche Erfahrungen, die unser Gleichgewicht stören, sind ein Signal für uns. Ein Signal, das uns erinnert: Du hast in Deinem Leben bisher etwas übersehen. Ein Signal, das uns warnt: Hier bist Du auf dem Holzweg. So können wir versuchen, diese Ereignisse als Hinweise für unser weiteres Leben verstehen zu lernen.
Heimtückisch sind insofern alle Krankheiten, die lange Zeit ohne irgendwelche Symptome verlaufen, wie zum Beispiel der Bluthochdruck oder bestimmte Krebsformen. Wenn sie uns ihr Signal senden, ist es meist schon zu spät. Oft aber liegt das Versagen bei uns: Wir haben verlernt, die Signale wahrzunehmen, die uns unser Körper gibt, und darum wird manche Störung erst im Spätstadium entdeckt. Doch dazu folgen später noch einige Überlegungen.

»Heimtückisch« sind in diesem Sinne aber auch jene Mitmenschen, die uns vielleicht schonen und beschwichtigen wollen, wenn wir ihre Offenheit und Ehrlichkeit am nötigsten hätten – auch wenn sie schmerzen würde. So verstehe ich auch den Ausspruch eines Therapeuten der Psychosomatischen Klinik Bad Herrenalb, der sich mir eingeprägt hat: »Meine Feinde nutzen mir im Grunde mehr als meine Freunde.« Direkter Widerstand macht mich wach, unehrliche Beschwichtigung hält mich gefangen.

Unsere Krisen und Niederlagen sind Antworten auf die Erfahrungen unseres bisherigen Lebens – und sie bedeuten Entwicklungschancen für unser zukünftiges Leben. Doch wir brauchen gar nicht erst auf eine große Lebenskrise zu warten, um unserem Dasein eine neue Richtung zu geben. Unser Leben durchläuft ja ohnehin bestimmte Phasen und Zyklen, so daß immer wieder Zeiten des Umbruchs und damit Möglichkeiten zur Neuorientierung auf uns zukommen.

Hierzu zählen die »äußeren« Lebensphasen, wie sie beispielsweise durch Kindergarten, Schule, Ausbildung, Beruf, Ruhestand usw. vorgegeben werden. Aber auch die »inneren« Lebensphasen, wie sie der deutsch–amerikanische Psychologe Erik Erikson so umfassend und treffend beschrieben hat, gehören hierher.

Erikson erweiterte das Modell der psychosexuellen Entwicklung, wie es Freud und die Psychoanalyse aufgestellt hatten, zu einer Abfolge von acht psychosozialen Lebensstufen, denen er jeweils eine große Überschrift gab. Jede der acht Entwicklungsstufen trägt als Hauptaufgabe einen zentralen Konflikt in sich, der aktiv gelöst werden muß, bevor weiteres Wachstum möglich ist.

1. Das Neugeborene befindet sich auf der *oral-sensorischen Entwicklungsstufe,* denn es lernt, seinen Mund und seine Sinne (Hören, Sehen, Schmecken usw.) zu gebrauchen. Das Thema dieses ersten Lebensstadiums ist die Hoffnung; die zentrale Frage lautet hier, ob es dem Kind gelingt, ein Urvertrauen zu entwickeln.

2. Im weiteren ersten und zweiten Lebensjahr entwickelt sich

beim Kind die Muskulatur und die Fähigkeit, seine Ausscheidungen zu kontrollieren. Auf dieser *muskulär-analen Stufe* erlebt das Kind zum ersten Mal den eigenen Willen und muß nun den Hauptkonflikt bewältigen, ob es autonom und selbständig oder aber voller Scham und Zweifel ins weitere Leben geht.

3. Auf der *lokomotorisch–genitalen Entwicklungsstufe,* die meist vom 3. bis 6. Lebensjahr reicht, lernt das Kind, seinen Körper gezielt zu gebrauchen, und entdeckt jetzt auch seine sexuelle Identität als Junge oder Mädchen. Das Leitthema dieser Stufe bildet für Erikson die »Absicht«, und hier muß das Kind aktiv den Konflikt zwischen seiner eigenen Initiative und den Schuldgefühlen, die sich aus seinem Handeln manchmal ergeben, lösen.

4. In der (in Anlehnung an Freud so genannten) *»Latenzphase«* vom 7. Lebensjahr bis zur Vorpubertät entwickelt das Kind immer weitere Kompetenzen und lernt ungemein viel an Fähigkeiten und Wissen hinzu. Hier entscheidet sich, ob das Kind entweder zufrieden und stolz auf seine Leistungen blickt oder aber von Minderwertigkeitsgefühlen zu Boden gedrückt wird.

5. Nun folgen *Pubertät und Jugendalter,* in denen der junge Mensch die Aufgabe hat, eine eigene Identität zu finden. Hier kann er aber auch zwischen seinen verschiedenen Rollen (als Kind seiner Eltern, als Halb-Erwachsener in Ausbildung und Beruf, als Kumpel unter Gleichaltrigen usw.) hin- und hergerissen und völlig konfus werden. So würde er die Aufgabe verfehlen, sich selbst gegenüber treu zu werden und zu bleiben.

6. Im *Frühen Erwachsenenalter* muß eine tragfähige Liebesbeziehung zu einem Partner aufgebaut werden. Der Mensch muß das für ihn richtige Maß an Nähe und Distanz kennenlernen und den Konflikt zwischen Intimität und Isolierung bewältigen.

7. Im weiteren *Erwachsenenalter* geht es aus Eriksons Sicht um die Fürsorge für andere Menschen. Die Gefahr dieser Entwicklungsstufe sieht er darin, daß der Erwachsene seine zeugende Fähigkeit, also seine Fähigkeiten zu erschaffen und zu fördern, verliert und statt dessen in Stagnation steckenbleibt.

8. Die letzte Entwicklungsstufe bildet das Stadium der *»Reife«,* das irgendwann im Laufe des Lebens erreicht werden kann, wenn

Weisheit erworben wird. Der Hauptkonflikt hier besteht nach Erikson darin, ob der reife Mensch angesichts der Beschränktheit seiner selbst und seiner Umwelt seine Ich-Integrität bewahren kann oder aber der Verzweiflung anheimfällt.

Neben diesen Phasen, die der einzelne Mensch mehr oder weniger bewußt durchläuft, gibt es auch in einer Partnerschaft, in einer Ehe und in einer Familie bestimmte Phasen, die teilweise durch äußere Einflüsse (Geburt von Kindern, Berufstätigkeit usw.) und teilweise durch innere Einflüsse (zum Beispiel Abgeschlossenheit gegenüber der Großfamilie) geprägt werden. So wird beispielsweise nicht in jeder Phase einer Partnerschaft das gleiche Maß an Intimität und Nähe möglich sein.
Sich diesen Veränderungen im Lebenszyklus anzupassen, bedeutet für alle Beteiligten mitunter viel Arbeit und bringt einige Belastungen mit sich – aber auch die Möglichkeit neuer Erfahrungen und die Chance zu einem Neubeginn. So auch im folgenden Beispiel:

Brittas, des Nesthäkchens, Auszug aus dem Elternhaus zum Studium in der Landeshauptstadt löste in der Familie eine Fülle von Veränderungen aus, die den Beteiligten erst nach und nach bewußt wurden. Auf Britta selbst kamen neue Pflichten, aber auch neue Freiheiten zu. Ihre Mutter wurde zur »Glucke auf dem leeren Nest«. Einer heraufziehenden Depression konnte sie nur dadurch aus dem Weg gehen, daß sie sich intensiv in die Aufzucht ihres ersten Enkelkindes, einem Töchterlein von Brittas älterem Bruder, einschaltete. Dadurch war auch sie nun seltener zu Hause, so daß Brittas Vater abends immer häufiger ein leeres Heim vorfand. Dies gab ihm jedoch Gelegenheit, seine seit längerem vernachlässigten Hobbies, Ahnenforschung und Mineralogie, intensiver zu pflegen.
So bewirkte Brittas Auszug eine Distanzierung zwischen ihren Eltern, aber auch ihre Tante war betroffen. Sie hatte immer ein besonders enges Verhältnis zu Britta gehabt, und Britta hatte eine Art Bindeglied zwischen der Tante und der übrigen Familie dargestellt. Ohne diese Verbindung und frei von der Verpflichtung, für die Familie ihrer Nichte verfügbar zu sein, wagte die Tante nun eine Reihe ganz neuer Unternehmungen, buchte plötzlich eine Studienreise nach Frankreich und

knüpfte – fast wie zum Trotz – zarte Bande zu einem alleinstehenden älteren Herrn an.
Dieser Trotz (»Denen werd' ich's zeigen, mich so fallen zu lassen!«) war für Brittas Tante der entscheidende Impuls, etwas Neues zu wagen. Der 54jährigen hatten Kontakte zum anderen Geschlecht bis dahin immer Angst gemacht. Jahrzehntelang hatte sie zwar gespürt, daß ihr dadurch eine ganze Welt sehr schöner Erfahrungen verschlossen blieb, aber Unsicherheit und zuletzt Unbeweglichkeit hatten ihr die Tore zu dieser Welt verschlossen. Wie die meisten von uns war Brittas Tante jenen Dingen aus dem Weg gegangen, von deren Schönheit sie zwar eine leise Ahnung hatte, die aber zu viel Erschütterung befürchten ließen.
Nun war da auf einmal ein stärkeres Gefühl: ihr Zorn über den Verlust der Lieblingsnichte, ja über den Verlust der alten Familienbande. War dieser Ärger und die Enttäuschung auch unbegründet (denn schließlich war sie ja seit 20 Jahren selbst einseitig auf die Familie ihrer Schwester fixiert gewesen), so wirkte ihr Zorn doch als die nötige Triebfeder für eine ganz neue Entwicklung in ihrem Leben. Ganz demonstrativ wollte sie jetzt ihre Eigenständigkeit unter Beweis stellen. Sie wollte zeigen, daß sie noch attraktiv für andere und auf die Familie nicht angewiesen war.

Indem sich durch Brittas Weggang die Familienkonstellation grundlegend wandelte, erhielten die Familienmitglieder die Chance, etwas Neues zu lernen und auszuprobieren. Während allerdings Brittas Mutter diese Chance verpaßte und sich auf das nächstverfügbare Nesthäkchen stürzte, fand Brittas Tante auch emotional die Kraft, endlich ihre große Lebensaufgabe anzupacken.
Psychotherapeuten machen immer wieder die Erfahrung, wie schwer Veränderungen durch eine Psychotherapie zu bewirken sind, weil wir uns so zäh am vertrauten Lebensstil festklammern. Unsere Probleme verstehen und durchschauen wir meist viel leichter, als daß wir im Alltag konkrete Schritte zu ihrer Lösung unternehmen.
Ein Lebensbereich, der bei vielen Menschen besonders große Angst weckt, ist die Sexualität. Daß hierbei die Kirche mit ihren Tabus und der Verdammung alles »Fleischlichen« nicht unbeteiligt war, ist bekannt. Der Hinweis auf die Kirche bringt aber nur

die halbe Wahrheit. Im Mittelpunkt der Sexualität steht nämlich nicht die sexuelle Vereinigung als bloß biologischer Akt. Das Ziel und das Zentrum der Sexualität muß vielmehr in einer ganz besonderen Intimität und Nähe gesehen werden, die im körperlichen Kontakt ihren Widerschein findet. Die Angst aber vor dieser Nähe, vor dieser Intimität in der Ich–Du-Beziehung scheint den Kern der Sexualangst zu bilden. So wird auch verständlich, daß nicht nur das Mauerblümchen (wie etwa Brittas Tante mit ihrer 40 Jahre alten Angst vor Männern), sondern auch der sexuell überaus aktive Don Juan durch ihr bzw. sein Verhalten echter Intimität aus dem Weg gehen. Ebenso wird in der Herabwürdigung der Sexualität zur »ehelichen Pflicht« das Ziel echter Nähe verfehlt.

Wer Lernmöglichkeiten aus dem Wege geht, wer nicht dazulernen will im Leben, leidet. Menschen, die nichts dazulernen, geraten immer wieder in die gleiche problematische Situation: Nach vielen schweren Ehejahren und anschließender Scheidung von einem Alkoholiker geht eine Frau erneut eine Beziehung zu einem Alkoholiker ein. Ein junger Mann verliebt sich immer wieder in abweisende, kühle Frauen, von denen er dann regelmäßig verletzt und zurückgestoßen wird. Eine Mutter macht ihrer erwachsenen Tochter immer wieder Vorhaltungen über ihren Lebensstil, bis diese schließlich im Zorn von ihr geht – worauf die Mutter allein, verzweifelt und voller Schuldgefühle zurückbleibt. Ein Mann legt sich im Beruf immer wieder mit seinen Vorgesetzten an, bis er mit steter Regelmäßigkeit entlassen oder versetzt wird.

Zu diesen Beobachtungen paßt eine Feststellung des bereits zitierten Psychologen Dethlefsen, der schreibt: »Je mehr ein Mensch sich weigert, bestimmte Probleme lernend zu lösen, je mehr er auf Widerstand mit seinem Schicksal geht, desto mehr Leid wird er erfahren.« Und er fährt fort: »Leben heißt lernen, unabhängig davon, ob dies der einzelne akzeptiert oder nicht. Das Schicksal sorgt mit unbestechlicher Gerechtigkeit dafür, daß jeder genau das lernt, was er am wenigsten akzeptieren will und wogegen er den größten Widerstand setzt.«

Zwar scheint Dethlefsens Behauptung, es gebe eine unbestechliche Gerechtigkeit des Schicksals unüberprüfbar und dogmatisch, aber seine Skizzierung der Lebensaufgabe als Lernaufgabe bestätigt unsere Erfahrungen: Wir können in der Tat immer wieder bei uns oder anderen dieselben Situationen beobachten und erleben, wie sich kritische und schmerzliche Ereignisse im Laufe eines Lebens wiederholen und oft auch zuspitzen.
Solange ein Mensch zum Beispiel nicht akzeptieren will, daß Liebe durch Abhängigkeit und durch Anklammern an den Partner nur zerstört wird, solange wird er leidvolle Trennung erfahren. Solange er sich aus Angst vor Liebesverlust der Einsicht widersetzt, daß Liebe ein Kind der Freiheit ist, wird er im Anklammern an den Partner diesen immer wieder verlieren.
Für Helga, die Anwaltsgehilfin aus dem Beispiel, das wir schon kennen, ging es dagegen um eine entgegengesetzte Lernerfahrung. Ihre Beziehungen scheiterten, solange sie um der beruflichen Anerkennung willen vor privater Bindung, vor intimer, vorbehaltloser Begegnung zurückschreckte. Solange sie selbst nicht bereit war, dem anderen etwas von sich zu geben, solange blieb sie einsam und kreiste nur um sich selbst. Ein »in sich verkrümmter Mensch« auch sie, mußte Helga genau das lernen, was sie am wenigsten akzeptieren wollte: Mitmenschen zu brauchen und manchmal sogar abhängig von ihnen zu sein. Erst als sie sich dies – nach der Trennung von ihrem Freund Franz – eingestehen konnte, kam sie der Vervollkommnung ihres Lebens eine Stufe näher. Sie erlebte genau den Konflikt, den Erikson als typisch für das frühe Erwachsenenalter erkannt hatte: den Konflikt zwischen Intimität und Isolierung. Doch Helga war keine junge Erwachsene mehr – mit Mitte Dreißig war es endlich an der Zeit, hier eine aktive und kreative Lösung zu suchen.
Die zentralen Lernerfahrungen können also für jeden Menschen ganz unterschiedlich sein. Für den einen kann es die Einsicht bedeuten, daß Liebe durch Abhängigkeit zerstört wird, für den anderen (Beispiel Helga) kann es die Erfahrung von Abhängigkeit und das Eingeständnis dieser Abhängigkeit sein. Jeder Konflikt hat seine zwei Seiten – dem einen wird diese Seite

gefährlich, dem anderen jene Seite. Einseitigkeit aber macht krank, und ganz im Sinne von Eriksons acht Stufen mit ihren typischen Konflikten besteht die Aufgabe darin, jedem Entweder-Oder aus dem Weg zu gehen. Der lebendige Ausgleich zwischen den Polen muß immer wieder neu versucht werden.

Allzuleicht werden die unzähligen »kleinen« Lernmöglichkeiten vergessen, die wir hier im Alltag haben. Zu viele Menschen warten ihr Leben lang auf *das* eine große Ereignis, auf den großen Durchbruch, der ihrem Leben eine neue Richtung geben soll.

Diese Erwartung hat wahrscheinlich einen religiösen Hintergrund. Es wird gelehrt, daß Menschen »wie vom Blitz getroffen« mit einem Schlag bekehrt werden, so wie vor Damaskus aus dem Saulus ein Paulus wurde. Um im 18. Jahrhundert ein guter Pietist zu sein, mußte man auf einen großen Bußkampf zurückblicken können, auf den das einmalige, große Bekehrungserlebnis folgte, welches auf Tag und Stunde genau anzugeben war. Auch die Anonymen Alkoholiker stehen in dieser Tradition, wenn sie vom Schlüsselerlebnis sprechen, bei dem ein Mensch zuletzt ganz unten am persönlichen Tiefpunkt ankommen muß (»to hit bottom«) und sich erst danach zu einem trockenen, nüchternen Leben emporarbeiten kann.

Viele Menschen aber, die sich nicht so zielstrebig selbst zerstören wie die Alkoholiker, werden wohl ihr Leben lang vergeblich auf das eine große Schlüsselerlebnis warten. Auch auf Pilgerreisen zu wundersamen Heilstätten und in der Psychotherapie bleibt der spirituelle Blitzschlag allzuoft aus oder ist nur von kurzer Wirkung. Vielen Menschen dient die Erwartung eines zukünftigen Durchbruchs in der Tat eher als Alibi und Entschuldigung, sich hier und heute nicht ändern zu müssen.

Einem Menschen, der zögernd auf bessere Gelegenheiten wartet, könnten wir entgegenrufen: »Wann, wenn nicht jetzt? Wenn nicht hier, wo sonst?« – Unser Lebensalltag schenkt uns laufend eine unendliche Zahl von möglichen neuen Erfahrungen und von Gelegenheiten, uns einmal anders zu verhalten als bisher: in jeder Begegnung mit einem anderen Menschen, in jedem Ausdruck unseres Körpers, in jeder Beobachtung unserer Umwelt, in jeder

Empfindung aus uns selbst heraus, auf die wir aufmerksam werden.
Achtlos gehen wir meist über diese Erfahrungsmöglichkeiten hinweg und zwängen neue Eindrücke viel zu schnell in alte Schemata. Wir neigen dazu, Menschen, denen wir begegnen, schnell in ganz bestimmte Schubladen zu stecken, und bringen uns dadurch um neue Lernchancen. Und nicht zuletzt hegen wir auch über uns selbst so viele unerschütterliche Meinungen, daß wir starr und unbeweglich werden. Dies werde ich im folgenden Kapitel weiter ausführen.
Dabei bleiben wir innerlich ganz und gar nicht dieselben. Denn mit jeder Woche, mit jedem Jahr, das wir älter werden, verändern wir uns. Wenn wir nicht so sehr an unseren alten Überzeugungen und Sichtweisen von uns und der Welt festhielten, könnten auch das 943. sonntägliche Frühstück mit der Ehefrau oder der 42. Wochenendbesuch bei einem alten Freund eine neue emotionale Erfahrung, eine neue sinnliche Wahrnehmung oder eine neue geistige Einsicht mitbringen.
Nun haben wir aber bereits festgestellt, daß eine neue Sicht der Dinge und neue Einsicht in unsere Probleme noch lange keine neuen Taten und keine neuen Verhaltensweisen bedeuten.
Wir haben es dann einfach nicht gelernt, es auf befriedigende Weise mit dem Leben aufzunehmen: Der eine hat nicht gelernt, mit kleinen Kindern umzugehen, und soll als Großvater nun plötzlich sein Enkelkind betreuen. Ein anderer hat nie gelernt, seine Rechte gegenüber Chefs und Vorgesetzten anzumelden. Ein dritter weiß nicht, daß und wie er sich körperlich bis zu seiner äußersten Grenze belasten kann. Helga, die engagierte Anwaltsgehilfin, hatte sich nie darin geübt, anderen zuzuhören, und Martha hatte nicht gelernt, um etwas zu bitten.

Halten Sie an dieser Stelle für einen Moment inne und überlegen Sie, welchen Situationen Sie aus dem Weg gehen. Nehmen Sie dabei Ihren Körper zu Hilfe: Wann dreht's Ihnen den Magen herum? Wann bekommen Sie Durchfall (Schiß)? Bei welchem Gedanken schnürt es Ihnen die Kehle zu?

Alle Schmerzen, Engegefühle, Mißempfindungen oder Verkrampfungen Ihres Körpers können Ihnen Signale geben: Hier sitze ich irgendwie fest – hier gibt's etwas Neues für mich zu lernen.

Auch Nervosität, Schlaflosigkeit, Verdauungsbeschwerden, Freß- oder Trinkattacken beinhalten Informationen, die für Sie wichtig sind.

Dies ist ein Weg, Ihr »Symptom« – und damit ist alles gemeint, worunter Sie oder andere immer wieder leiden und was Sie an sich stört – zu einem Vorteil für sich umzumünzen.

»Symptome« sind produktive Leistungen. Sie drücken jeweils einen bestimmten persönlichen Konflikt, ein bestimmtes Lerndefizit aus. Wenn Menschen, die dieselben Probleme haben, sich zu Selbsthilfegruppen zusammenschließen, gelingt es oft leichter, das Symptom in einen Vorteil zu verwandeln. Eltern, die unter dem Zwangsimpuls leiden, die eigenen Kinder beim geringsten Anlaß zu verprügeln, schlossen sich zu Selbsthilfegruppen zusammen und nahmen ihr Problem zum Ausgangspunkt für Gespräche über Erziehungsfragen und auch über sich selbst. Übergewichtige traten unter dem Motto »Ich bin rund, na und!« selbstbewußt an die Öffentlichkeit und beendeten, ebenso wie Gruppen von Homosexuellen, ein entwürdigendes gesellschaftliches Versteckspiel.

Wie aber packe ich es in meinem persönlichen Alltag an, zum Beispiel mit meinem Partner auf eine neue gemeinsame Basis zu finden? Wie fange ich es an, mir alte Träume zu erfüllen? Wie lerne ich, aus meinem vertrauten Carré des »gemütlichen Elends« auszubrechen und Neues zu wagen? Hilfreich wäre zu allererst, einmal von überkommenen Problemlösungen zu »fasten«. Wenn wir einige Zeit auf bestimmte Verhaltensweisen verzichten, können wir leichter Neues ausprobieren. »Fasten« wir doch beispielsweise einmal von schlechten Angewohnheiten, mit denen wir unsere Nervosität beherrschen wollen! Verzichten wir bei der Arbeit auf die Zigarette, beim Mittagessen auf das Extra-Dessert oder in der Familie auf bestimmte Kraftausdrücke.

Lassen wir einfach für einige Zeit das Haarspray weg oder probieren einmal 14 Tage ohne Fernsehen aus. »Fasten« wir vom täglichen Telefonat mit der Freundin oder verzichten wir für einige Zeit einmal auf den allabendlichen Rückzug in die eigenen vier Wände. »Fasten« wir für eine Woche von allen Vorhaltungen gegenüber dem Partner oder lassen wir sie oder ihn einmal selbst die Schuhe putzen oder zur Bank gehen.
So können wir herausfinden, was überflüssig ist und was uns bloß behindert. Auch der Partner hat Gelegenheit, in der neuen Situation neu zu reagieren. Wir lernen, was wir wirklich brauchen und was uns gut tut.
Aus dem alten Carré herauszuspringen genügt nicht. Wir müssen auch Neues dazulernen, denn sonst entsteht ein Vakuum. Wir müssen Dinge anpacken, die uns ängstigen, und manches ausprobieren, was wir jahrelang vor uns hergeschoben haben.
»So tun, als ob« ist dabei oft eine hilfreiche Methode. Wie zur Probe, ohne den Druck eines Erfolgszwanges starte ich neue Schritte, die meinem Leben schließlich eine neue Richtung geben können. Beim »So tun, als ob« tue ich erst mal so, »als ob« ich es schon könnte, und probiere das neue, das angestrebte Verhalten einfach einmal aus. »So tun, als ob« bedeutet, daß ich nicht gleich perfekt sein muß, daß ich meine neue Strategie nicht beim ersten Mal zum Erfolg führen muß und daß ich sie auch nicht auf ewig durchhalten muß.
»So tun, als ob« schafft mir einen Freiraum zum Üben. Ich darf dabei auch mal auf die Nase fallen – es braucht nicht gleich gelingen.
Brittas Tante tat einfach mal so, als ob sie wüßte, wie man eine lockere Konversation mit einem Mann anknüpft, der einen interessiert. Martha tat so, als ob sie ihr Lebtag ihre Bedürfnisse angemeldet hätte und sich schon immer Hilfe, Unterhaltung und Zuwendung habe holen können. Daß Martha dies bislang nicht getan hatte, bedeutete eben nicht, daß sie darauf kein Recht hatte. Dies war für sie eine wichtige Einsicht.
Am leichtesten müßte uns das »So tun, als ob« demnach im vertrauten Familien- und Freundeskreis fallen. Wenn nicht im

Verein mit unseren Lieben, wo sollte es sonst gelingen? Doch gerade hier fällt es uns oft am schwersten. Hier haben wir manchmal die größten Hemmungen und Ängste.
Eine Ehe, eine Familie oder ein Kreis alter Freunde bildet ein System, in dem jeder auf jeden bezogen ist und jeder eine bestimmte Rolle übernommen hat. Wenn sich in diesem System nun ein Teil verändert, dann müssen sich natürlicherweise die anderen Teile dieses Systems mitverändern. Derartige Systeme finden sich übrigens auch in der Natur und in der Technik. Wenn sich beispielsweise die Störche in einer Gegend stark vermehren, gäbe es bald weniger Frösche in dieser Region, wodurch zum einen nun die Störche weniger Futter finden und sich zum anderen bestimmte Insekten, die den Fröschen als Futter dienen, ungehindert vermehren würden. Solch einen Regelkreis bildet auch die Zentralheizung eines Hauses. Fällt die Heizung zum Beispiel auf einer Etage aus, so werden entweder die anderen Stockwerke stärker beheizt oder der Brenner schaltet sich auf eine niedrigere Stufe.
Ebenso läßt die Veränderung eines Familienmitglieds die anderen Mitglieder nicht unbeeinflußt. Wenn sie sich aber nicht mitverändern können oder wollen, bleibt jeder Versuch des Einzelnen im Ansatz stecken.

Bei der eßsüchtigen Hedwig (38 Jahre) war es die »Sabotage« des Ehemannes und der Mutter, die nach jeder erfolgreichen Fastenkur innerhalb kurzer Zeit wieder zum alten Gewicht führte. Hedwig hatte mit Unterstützung eines Kreises ebenfalls von Eßproblemen betroffener Frauen in einem halben Jahr rund 10 kg abgenommen. Sie hatte wieder angefangen, Tennis zu spielen, und getraute sich überhaupt wieder mehr unter Leute. Auch einige schicke neue Kleider hatte sie sich zugelegt.
Gleichzeitig waren der Ehemann und die Mutter – wenn auch aus verschiedenen Gründen – immer nervöser geworden. Selbst die beiden zehn- und zwölfjährigen Töchter schienen durch die Veränderung ihrer Mutter verunsichert. Hedwigs Ehemann zweifelte auf einmal an der Treue seiner Frau, die nun auch für andere Männer attraktiver geworden war. In einem Gespräch unter vier Augen rückte er damit heraus, er sorge sich, ob er mit einer so feschen Frau überhaupt noch werde mithalten können.

Hedwigs Mutter hingegen pochte auf die Tradition der »dicken Frauen« in ihrer Familie, die alle wie sie übergewichtig, aber gute Köchinnen und Mütter gewesen waren. Ihre Nervosität und Verunsicherung übertrug sich schließlich auch auf Hedwig. Die Eifersüchteleien und Hänseleien ihres Mannes, die Vorwürfe ihrer Mutter, sie vernachlässige ihre Familie, brachten zusammen mit Überredung und Verführung Hedwig schließlich dazu, ihr Veränderungsprogramm abzubrechen. In der Frauengruppe wurde sie immer stiller, und als sie wieder zunahm, ging sie schließlich aus Scham gar nicht mehr hin.

Veränderung und neues Lernen sind im vertrauten Familienkreis also besonders schwer und gelingen nur, wenn alle Beteiligten an einem Strick ziehen. Ein System verändert sich nur dann dauerhaft, wenn alle Teile zu einer Veränderung bereit und fähig sind. Andernfalls springt das System nach kurzer Zeit wieder in den alten Zustand zurück. Hilfreich ist es deshalb, wenn alle Beteiligten ihre Erwartungen, Befürchtungen und Wünsche zunächst einmal offen aussprechen, damit für alle ein erfolgreicher Lernprozeß in Gang kommen kann. Aber Vorsicht: Auch ehrliche Zusagen, mithelfen zu wollen, können sich bald darauf als reine Lippenbekenntnisse entpuppen.

Wenn es aber der Familie allein nicht gelingt, das Steuer herumzuwerfen, kann ein Familientherapeut sie bei der Klärung dieser Fragen unterstützen. Dafür können manchmal nur wenige Sitzungen ausreichend sein.

Erweist sich aber auch dabei das System der Familie als zu starr, wird derjenige, der sich verändern möchte und seine Symptome loswerden muß, dieses System unter Umständen verlassen müssen. Dies ist beispielsweise bei Jugendlichen mit psychosomatischen Störungen wie Asthma oder Magersucht bisweilen nötig. Ihnen kann manchmal nur eine stationäre Psychotherapie in einer therapeutischen Gemeinschaft den nötigen Freiraum zur Veränderung bieten. Oft kann aber auch einfach der Auszug von zuhause mit einer therapeutisch-pädagogischen Stützung neue Tore öffnen.

Für eine Veränderung ist es aber nie zu spät: Auch ein älterer Mensch wie zum Beispiel Brittas Tante konnte in dem Augen-

blick neue Wege gehen, als die Familienbande gelockert waren.
Eine ganze Bandbreite von Lernchancen haben wir in diesem Kapitel also kennengelernt: von den kleinen, alltäglichen Wahrnehmungs- und Lernmöglichkeiten über die Lernaufgaben der verschiedenen Lebensstadien bis hin zu den Chancen und Grenzen einer Veränderung in der Familie. Dabei gilt für dieses ganze Spektrum, daß Aufschieben und Abwarten für den Neubeginn nichts bringen, sondern uns nur eine Entschuldigung liefern, weshalb wir uns nicht verändern »können«.
Unser Leitmotto sollte darum sein: Wann, wenn nicht jetzt? Wenn nicht hier, wo sonst?

5 Lebenshaltung: Eine Frage der Einstellung

Bitte versuchen Sie, ganz spontan die folgenden Sätze mit den ersten Worten zu ergänzen, die Ihnen beim Lesen einfallen:

Ich könnte jetzt ...
Ich darf nicht ...
Ich muß ...
Ich kann nicht ...
Ich brauche ...
Ich fürchte mich vor ...
Die anderen wollen mich ...
Ich sollte ...
Das Schlimmste, was mir passieren könnte: ...

Wer diese Sätze spontan und ehrlich vervollständigt hat, kann damit einigen Einstellungen, Ängsten, Zwängen und Erwartungen auf die Spur kommen, die für sein Leben den Kompaß, die Landkarte und der Wegweiser sind.
Gehen Sie die Liste einmal durch: Lassen sich gemeinsame Überschriften finden, unter die jeweils mehrere Sätze fallen? Gibt es ein gemeinsames Motiv, das einige der Sätze vereint? Was klingt für Sie besonders stimmig?
Unsere Einstellungen prägen unser Leben. Es geht nicht um die Dinge selbst, sondern um die Einstellung, mit der sie eingesetzt und betrieben werden. Ein großer Haushalt beispielsweise, den wir zu versorgen haben, kann für uns lästige Pflicht oder freudig angenommene Lebensaufgabe bedeuten. Ein wichtiges Amt, das uns übertragen wird, können wir als ehrenvolle Herausforderung ansehen oder als Bürde und Strafe.
Unsere Einstellung zu unserer Umwelt, zu uns selbst und zur Zukunft – zum Leben überhaupt – spiegelt sich zum Beispiel in

den obigen Satzergänzungen wider: Welche Gebote und Verbote steuern mich durch mein Leben? Welche Ziele setze ich mir?
Es ist nicht leicht, sich seiner Lebenseinstellung bewußt zu werden. Viele setzen sich auch nur ungern kritisch mit ihren eigenen Einstellungen auseinander. Aber es lohnt sich, wenn wir uns offen Rechenschaft darüber ablegen, denn unsere Lebenseinstellung prägt entscheidend unsere Existenz: sie ist die Brille, durch die wir uns und unsere Umwelt sehen. Nicht nur Optimismus oder Pessimismus gehören dazu, sondern auch Selbstvertrauen oder Lebensängste. Verkörpert wird unsere Lebenseinstellung zum Beispiel durch Sätze, wie wir sie in unserem »inneren Selbstgespräch« zu uns selbst sagen. Ein kleines Experiment zeigt die Kraft, die in solchen Sätzen steckt:

► Nehmen Sie den Satz der Übung vom Kapitelanfang, der mit »Ich muß« beginnt, und setzen Sie dafür ein: »Ich entscheide mich für«. Was fühlen Sie in diesem Augenblick, wenn Sie den verwandelten Satz bewußt lesen? Wie schmeckt Ihnen der Satz jetzt? Können Sie ihn jetzt besser oder schlechter akzeptieren?
Auch der Satz, der mit »Ich kann nicht« beginnt, soll hier verwandelt werden. Setzen Sie »Ich will nicht« dafür ein. Wie stehen Sie zu dem verwandelten Satz? Sind Sie froh über die Abänderung oder gefällt Sie Ihnen nicht? Wie paßt der neue Satz zu Ihnen?
Ändern Sie nun auch den Satz ab, der mit »Ich fürchte mich vor« beginnt. Schreiben Sie statt dessen: »Ich würde gerne«. Was spüren Sie bei dieser Verwandlung? Können Sie zustimmen oder empfinden Sie Ärger und Ablehnung?
Bitte nehmen Sie sich hier einige Minuten Zeit, um über diese Übung nachzudenken. Was haben die Verwandlungen bei Ihnen selbst ausgelöst? Beobachten Sie Ihre eigene Reaktionen.

Sätze unseres inneren Selbstgesprächs, die wir mühelos abändern können, sind wohl eher unwichtig für uns. Dort aber, wo wir den größten Widerstand empfinden, geraten wir an die mächtigsten Grundüberzeugungen unseres Lebens. Oft wirken sie im Verbor-

genen, und wir müssen sie ans Licht holen, wenn wir sie prüfen und verwerfen oder bekräftigen wollen.
Die Auseinandersetzung mit unserer Lebenseinstellung lohnt sich, denn hier liegt die Basis für viele unserer Schwierigkeiten und Konflikte: Für Helga war es die Grundüberzeugung, nur beruflicher Erfolg und persönliche Unabhängigkeit garantierten ihr ein sicheres Dasein. Für Bernd, der die Bundeswehr von innen heraus verändern wollte, war es der Irrglaube, zu einem einzigartig großen Werk berufen und verpflichtet zu sein. Für Martha war es die Überzeugung, nur dann geliebt zu werden, wenn sie von anderen nichts forderte. Für Jochen, den erfolgreichen Ingenieur, war es der Irrglaube, Leistung, Erfolg und eine perfekte Familie würden für endgültige Zufriedenheit und dauerndes Glück in seinem Leben sorgen.
Albert Ellis, ein Psychologe in New York, hat die sogenannte »Rational-emotive Therapie« entwickelt, bei der die Analyse und Bearbeitung solcher falscher Überzeugungen im Mittelpunkt stehen. An die erste Stelle dieser »irrationalen Ideen« rückt Ellis die mißratene Meinung, »es sei für jeden Erwachsenen absolut notwendig, von praktisch jeder anderen Person in seinem Umfeld geliebt oder anerkannt zu werden«. Viele von uns werden bei sich selbst ein Stück dieses Irrglaubens wiederentdecken. Insbesondere für Martha aus unserem Beispiel hat diese Fehlhaltung eine große Rolle gespielt.
Ein zweiter häufiger Irrglaube, den Ellis angreift, ist »die Meinung, daß man sich nur dann als wertvoll empfinden dürfe, wenn man in jeder Hinsicht kompetent, tüchtig und leistungsfähig ist«. Wie bei Helga und bei Jochen ist dieser Irrglaube ganz typisch für das Denken und Handeln vieler Mitglieder unserer Leistungsgesellschaft.
Weniger bedeutsam für die Lebensprobleme der meisten Menschen (wenn auch von großer Wichtigkeit für ihre Einstellung zu den Mitbürgern) sind weitere irrationale Ideen, die von Ellis diskutiert werden:

- die Überzeugung, daß man sich über tatsächliche oder eingebildete Gefahren große Sorgen machen, sich ständig mit der Möglichkeit ihres Eintreffens befassen müsse.

- die Neigung, sich über die Probleme und Verhaltensschwierigkeiten anderer Leute aufzuregen;
- die Vorstellung, daß es schrecklich und katastrophal sei, wenn die Dinge nicht so sind, wie man sie gerne haben möchte;
- die Idee, daß bestimmte Menschen böse, schlecht und schurkisch seien und für ihre Schlechtigkeit streng gerügt und bestraft werden müßten.

Diese Fehlhaltungen führen letztlich in eine Sackgasse. Häufig kommt es aber auch zu einem inneren Rückzug, ohne daß die Krise offen ausbricht: Menschen, die überall Gefahren wittern und angstvoll eigenes Versagen und Schmerz erwarten; Menschen, die Streß und belastende Umweltereignisse verinnerlichen; Menschen, die sich selbst klein machen und nicht zu sich und zu ihren Bedürfnissen stehen; Menschen, die sich dadurch selbst behindern, neue Erfahrungen zu machen.

Solcherart »in sich verkrümmte Menschen« reagieren außerdem sehr leicht mit Schuldgefühlen auf alle ihre vermeintlichen oder tatsächlichen Verfehlungen. Hatte zum Beispiel Martha einmal ihre Lebenseinstellung für einen Moment über Bord geworfen, war aus sich herausgegangen, ausgelassen und lustig gewesen, kamen ihr bald darauf ernste Zweifel und schließlich massive Gewissensbisse. Auch wenn sie einmal etwas für sich verlangt hatte, überlegte sie wenig später, ob sie richtig gehandelt hatte.

Schuldgefühle packen aber nicht nur den, der sich klein und unwichtig macht. Sie überkommen gerade auch den, der sich für alles verantwortlich fühlt und der starke Macher sein will. Deshalb muß er alles, was schiefgeht, sich selbst anlasten.

Die Lebenshaltung eines Menschen spiegelt sich in seiner Körperhaltung wider: Bei dem einen sehen wir förmlich die Faust, die er immer im Nacken spürt. Dem anderen sehen wir die schwere Last an, die er im Leben meint, auf seine Schultern laden zu müssen. Ein dritter, der sich klein und unwichtig fühlt, geht und steht immer auf Zehenspitzen, um möglichst wenig Raum zu beanspruchen. Ein vierter sitzt immer auf der Stuhlkante, denn er ist immer auf dem Sprung, weil er mit unliebsamen Überraschungen rechnet. Ein fünfter schließlich ist »geknickt«: mit hängendem Kopft läuft er durch die Welt.

► Beobachten Sie einmal Ihre Mitmenschen und beschreiben Sie deren Körperhaltung! Stellen Sie sich selbst einmal vor einen großen Spiegel (am besten unbekleidet) und betrachten Sie sich. Wie halten Sie Ihren Kopf, den Nacken, die Schultern? Was fällt Ihnen an Ihrem Rücken auf, was an der Stellung Ihrer Arme und Beine? Wie könnte man Brust und Bauch beschreiben? Wie stehen die Füße auf der Erde?
Fragen Sie weiter: Was könnte aus dieser Körperhaltung auf Ihre Lebenshaltung hinweisen? Beschreiben Sie Ihre Beobachtungen möglichst bildhaft, um dieser Verbindung zwischen Körper und Einstellung näherzukommen.

Für diesen Zusammenhang zwischen innerer und äußerer Haltung sprechen übrigens auch Ergebnisse aus der psychosomatischen Forschung, nach denen jeweils bestimmte psychische Einstellungen für eine bestimmte psychosomatische Erkrankung typisch sein sollen.
Bei mir selbst zum Beispiel habe ich beobachtet, daß ich meine Migräne meist dann entwickle, wenn ich irgendwo eingeschlossen bin. Wenn ich einen Zug oder ein Auto für einige Stunden nicht verlassen kann, bekomme ich oft diese typischen pochenden Kopfschmerzen. Ich werde empfindlich gegen Lärm und Licht, habe Schweißausbruch, Übelkeit und Brechreiz. Diese Migräne stellt sich aber auch dann ein, wenn ich mich innerlich »eingeschlossen« fühle, zum Beispiel wenn ich unter Druck stehe und etwas Bestimmtes leisten soll.
Oft aber bin ich selbst derjenige, der mich unter Druck setzt; zum Beispiel wenn mich mein Perfektionismus überkommt und ich eine Sache besonders gut, schnell und vollkommen leisten will. Ich unterwerfe mich dann leicht Zwängen, statt sie in Frage zu stellen. Es sind also verinnerlichte, eigene Zwänge, wie jeder

Perfektionist sie bei sich feststellen kann. Migräne gilt hierfür als typisches körperliches Symptom.

Beim Asthmatiker findet man dagegen häufig den Wunsch, sich zurückzuziehen, sich eine Decke über den Kopf zu ziehen. Wir wissen, daß Kinder mit Asthma reagieren können, wenn sie sich aus einer zu engen Bindung lösen müßten, aber nicht losgelassen werden. Auch viele Erkrankungen der Wirbelsäule, unter denen heute Hunderttausende leiden, sind durch Fehlhaltungen – im wörtlichen und im übertragenen Sinne – bedingt. Solche »Haltungsschäden«, wie sie oft schon bei Kindern und Jugendlichen diagnostiziert werden, beruhen zunächst auf Fehlsteuerungen der Muskulatur und können sich zunächst noch spontan zurückbilden. Manchmal treten erst im späten Stadium Schmerzen und Bewegungseinschränkungen auf, obwohl die Ursachen schon Jahre zuvor gewirkt haben.

Verspannungen und Verkrampfungen bleiben lange unbemerkt. Sie sind Teil des »Muskelpanzers«, der uns in unserer Verletzbarkeit schützen und uns mit dem körperlichen auch einen seelischen Halt geben soll. Vor allem die Halswirbelsäule (als Verbindung zwischen Kopf und Körper), der Schultergürtel (als Ausgangspunkt für unsere »Greifwerkzeuge«) und die Lendenwirbelsäule (als Mitte unserer Körpers und Basis unserer Sexualität) sind häufig betroffen. Ausdrücke wie »den Kopf einziehen«, »Rückgrat beweisen« oder »den Rücken stärken« beschreiben die Belastungen und damit die Abnützung dieser Knochen, Muskeln und Gelenke sehr bildhaft. Könnten wir diese Fehlsteuerungen und Verkrampfungen frühzeitig erkennen, würde im späteren Stadium für viele eine (oft erfolglose) Behandlung mit Massage, Spritzen oder gar Operationen überflüssig werden.

Auch für alle anderen psychosomatischen Erkrankungen gilt als eine Art »goldene Regel«, die Störung möglichst so frühzeitig zu erkennen und die Ursachen auszuschalten, bevor es zu einer organischen Veränderung gekommen ist. Wenn der Magen, die Bronchien oder die Haut erst einmal in ihrem Aufbau durcheinandergebracht sind, dann helfen seelische oder psychosoziale Therapieverfahren meist nicht mehr.

Eine falsche Lebenshaltung macht viele Menschen schließlich abhängig von Schmerzmitteln, Schlaftabletten oder Cortison. Weit zurück liegen die Ursachen ihres falschen Lebensprogramms, welches sie schließlich in die Hand eines Chiropraktikers oder gar auf den Operationstisch führt. – So zeigt uns unser eigener Körper oft unerbittlich, wie nötig ein Umdenken geworden ist. Anfangs sendet er manchmal nur leise Signale, aber zuletzt bewahrheitet sich die Regel »Wer nicht hören will, muß fühlen«.

Die eigene Lebenshaltung in Frage zu stellen, fällt deshalb so schwer, weil uns diese inneren Einstellungen Halt und Sicherheit bieten. Diese inneren Gebote und Verbote ordnen unsere Welt und machen sie für uns vorhersagbarer – auch wenn sie falsch sind. Geraten wir dagegen »außer uns«, dann werden wir haltlos und verlieren diese Sicherheit aus der gewohnten Lebenshaltung. Das aber macht uns Angst. Deshalb können wir uns nur dann von unseren selbstauferlegten Zweifeln befreien, wenn wir uns gleichzeitig positive neue Lebenseinstellungen erarbeiten.

Als erstes gilt es, jene Sätze zu erkennen, die wir uns selbst zu sagen pflegen, zum Beispiel »Du mußt . . .« oder »Ich kann nicht . . .«. Dann können wir versuchen, unsere Einstellungen im Sinne von Selbstbestimmung und Selbstverantwortung umzustellen.

Die wichtigsten Lernziele, die in der »Lebensschule« der Psychosomatischen Klinik Bad Herrenalb als Grundlage einer gesunden Lebenseinstellung gelehrt werden, habe ich in meinem Buch »Das Leben neu beginnen« (Kösel, 1983) zusammengefaßt. Diese acht Grundhaltungen haben nichts von ihrer Aktualität und Bedeutung verloren:

- *Ich lebe:* Das heißt, ich bin mir meiner eigenen Identität und Lebenskraft, aber auch der Begrenztheit meiner Existenz bewußt.
- *Ich brauche:* Ich nehme meine Bedürfnisse wichtig.
- *Ich bin liebenswert:* Wenn mir jemand etwas Gutes sagt, kann ich das akzeptieren und in mein Selbstbild aufnehmen. Ich achte

auf mich aber auch selbst und kann mich mit meinen Schwächen und Fehlern annehmen.

- *Ich habe das Recht:* Meine Existenz und damit meine Bedürfnisse sind berechtigt; ich mißtraue meinem Wohlbefinden nicht.
- *Ich bin gut genug:* Ich sehe mich positiv, aber ehrlich und realistisch. Ich erwarte Gutes von mir selbst, von der Zukunft und von meiner Umwelt. Ich kann gelassen sein.
- *Ich zuerst:* Ich nehme mich ernst und sehe mich als die wichtigste Person in meinem Leben.
- *Ich habe die Verantwortung. Ich entscheide:* Ich treffe meine Lebensentscheidungen autonom; ich sehe und erhalte mir meine Wahlmöglichkeiten. Aber ich trage auch die Konsequenzen aus meinen Entscheidungen. Ich wähle selbst die Werte, die in meinem Leben Geltung haben sollen.

In einer ehrlichen Selbstbefragung werden wir feststellen, wie weit wir immer wieder von diesen Idealen entfernt sind. Selbstbewußtsein und Liebe zu sich selbst waren Lebenseinstellungen, mit denen Martha besondere Mühe hatte. Jochen, Bernd und Helga fiel es schwer, mit voller Überzeugung zu sagen: »Ich bin gut genug«. Mit den Worten von Brittas Tante hörte sich das so an:

»Im Grunde ließ ich mich ein Leben lang treiben. Ich wartete, daß etwas mit mir geschehen würde. Ich hoffte, ohne eigenes Zutun einfach in eine Ehe hineinschlittern zu können. Zuerst meinte ich, meine Eltern hätten noch etwas mit mir vor, und dabei wollte ich ihnen nicht zuvorkommen. Als Britta dann geboren wurde und ihre Mutter sich bald darauf wieder um ihr Geschäft kümmern mußte, hatte ich endlich eine Aufgabe gefunden. Ihre Familie ersetzte mir die eigene. Irgendwie war das für mich praktisch. Ich brauchte mich bloß anzuhängen.«

Brittas Tante scheute sich, Entscheidungen zu treffen und ihr Schicksal selbst in die Hand zu nehmen. Ihrem Leben fehlte das Profil, es hatte keinen eigenen Charakter. Um dies zu verdeutlichen habe ich sie hier auch nicht mit einem eigenen Vornamen vorgestellt; als »Brittas Tante« blieb sie ein Anhängsel der

Familie. Ihr »Fehler« war, daß sie keine Fehler machen wollte und deshalb keine Entscheidungen traf und keine Verantwortung übernahm.
Irgendwann in ihrer Kindheit hatte sie für sich entschieden, niemals Entscheidungen zu treffen. Diese »Überlebensentscheidung«, wie man in der Transaktionsanalyse dazu sagt, muß für Brittas Tante zum damaligen Zeitpunkt als Kind für ihr emotionales Gleichgewicht nötig gewesen sein. Eine Psychotherapie, die in die Kindheit zurück führen kann, würde als Ursache dabei vielleicht wiederholte Enttäuschungen und insbesondere Entmutigungen durch ihre Eltern zutage fördern. Wahrscheinlich nahm sie auch gegenüber ihrer temperamentvollen und vielbeachteten Schwester den vakanten Platz der »grauen Maus« ein. Um ihre Unsicherheit handhaben zu können, beschloß sie eines Tages, keine eigenen Schritte mehr zu tun, keine eigenen Entscheidungen mehr zu treffen. Dies prägte wie ein »Skript« unbewußt den Film ihres späteren Lebens. Erst im Zorn über Brittas Auszug und die wachsende Distanz zur Familie konnte die Tante ihre abwartende Haltung aufgeben und über ihren »Schatten« springen.
Der Impuls, die eingefahrenen Lebensgleise zu verlassen, kann also aus einer tiefen Wunde oder aus starken Gefühlen der Wut, der Angst oder der Verzweiflung kommen. Solche schwärzesten Augenblicke eines Menschenlebens geben den letzten Anstoß, das verfehlte Lebensprogramm über Bord zu werfen und neu anzufangen. Dann machen die Gefühle deutlich, daß es um den Kern der Existenz geht und bloß oberflächliche, kosmetische Korrekturen nicht mehr genügen. Mit dieser »Logik des Herzens« und den Fesseln, die wir ihm dennoch immer wieder anlegen, befaßt sich das folgende Kapitel.

6 Gefühle: Panzerschrank oder Bauchladen?

Runtergeschluckt, abgewürgt, eingemauert – so geht ein Mensch mit seinen Gefühlen um, den Simon und Garfunkel in ihrem Lied »I am a rock« so treffend, so schön und so schrecklich besingen:

An einem Wintertag
Im tiefen, dunklen Dezember
Bin ich allein,
Starre aus dem Fenster auf die Straße hinab,
Starre auf frischgefallenen,
Still rieselnden Schnee.
Ich bin ein Fels, ich bin eine Insel.

Ich habe Mauern errichtet,
Eine tiefe, mächtige Festung,
Die niemand durchdringen soll.
Freunde brauche ich nicht,
Freundschaft bringt bloß Schmerz,
Bloß Gelächter, an dem mir nichts liegt.
Ich bin ein Fels, ich bin eine Insel.

Erzähl mir nichts von Liebe.
Ja, das Wort hab' ich schon mal gehört.
Es schläft in meinem Gedächtnis.
Ich werde den Schlummer der Gefühle nicht stören,
Die ich abgetötet habe.
Wenn ich nie geliebt hätte,
Hätte ich nie weinen brauchen.

Ich habe meine Bücher und Gedichte,
Die mich beschützen.
Geschützt durch meinen Panzer,

Verstecke ich mich in meinem Zimmer.
Unverletzbar wie in einer Gebärmutter.
Ich berühre niemanden,
Und keiner rührt mich an.
Und ein Fels spürt keinen Schmerz,
Und eine Insel weint niemals.

Runtergeschluckt, abgewürgt, eingemauert – es ist die Angst, die diese Mauern errichtet und das Herz zum Fels werden läßt. Die Angst vor dem Schmerz, den Liebe und Freundschaft bringen könnten.

Runtergeschluckt, abgewürgt, eingemauert – welche Enttäuschungen, welches Trauma muß ein Mensch erlebt haben, daß er sich nur als Fels, als Festung und als Insel sicher fühlt?

Stefan, ein 23jähriger Student, berichtet:

»›I am a rock‹ ist mein absoluter Lieblingssong. Wenn ich allein zu Hause bin, drehe ich es manchmal ganz laut auf und dann tanze ich dazu wie wild. Ich vergesse dabei alles um mich her und bin wirklich auf einer Insel. Da kommen dann viele Gefühle in mir hoch – auch angenehme, schöne Gefühle –, die ich sonst nicht empfinden könnte. Ja, ich hab' oft Angst vor meinen eigenen Gefühlen. Bloß wenn ich alleine bin, in meinem Zimmer, kann ich manchmal aus mir raus. Ich habe dann nicht diese Furcht, ich könnte ausflippen.«

Die Angst vor starken Gefühlen, die Angst, dabei die Kontrolle über sich zu verlieren, ist weit verbreitet. Genährt werden diese Befürchtungen zum Teil aus den Klischees, die uns in Filmszenen vorgeführt werden. Der Ausdruck starker Emotionen wird dort häufig zur Effekthascherei mißbraucht und bestärkt den Zuschauer in seinem Irrtum, starke Wut, große Angst oder tiefer Schmerz würden einen Menschen sehr leicht zu Zerstörung, Mord oder Selbstmord, zumindest aber in eine psychiatrische Anstalt treiben.

Im Zeitalter der Massenmedien leben Schauspieler uns täglich vor, wie man Gefühle zeigt, und ich befürchte, daß viele sich daran ein Beispiel nehmen. Erwachsene scheinen hier fast genauso beeinflußbar wie Kinder, die ihre Fäuste wie der Western-

held ballen oder sich in ihrem eigenen Schmerz mit der Verzweiflung der Geliebten des eben erschossenen Helden vergleichen. Die Ausrichtung an solchen Modellen hemmt die eigene Spontaneität und setzt Maßstäbe für unser Zusammenleben. Viele meinen, »wahre Gefühle« müßten nun ebenso spektakulär zum Ausdruck gebracht werden, wie sie im Film vorgelebt werden. Unbewußt werden auf diese Weise emotionale Regeln aufgestellt, die die eigenen Gefühle beschneiden und kanalisieren – dabei gibt es gerade hier nichts Wichtigeres, als die ganz persönliche Form des Ausdrucks und der privaten Bedeutung.
Neben diesen falschen Klischees der Medien finden sich aber bei vielen Menschen auch tieferliegende, psychologische Ängste, die eigenen Gefühle zu zeigen. Stefan fährt in seiner Schilderung fort:

»Meine Mutter wollte immer, daß ich ihr genau erklärte, weshalb ich ärgerlich, traurig oder übermütig war. Sie wollte von mir eine Begründung oder Rechtfertigung hören. Das hat wohl so mit fünf, sechs Jahren angefangen. Oft wußte ich dazu gar nichts zu sagen oder ich wollte es ihr nicht sagen. So schob ich oft irgend etwas anderes vor. Mit der Zeit legte ich mir dann so eine neutrale Maske zu. Meine Mutter sollte nicht mehr mitkriegen, was mit mir los war. Natürlich wollte ich auch nicht als ›kindisch‹ gelten und hab' auch darum manches runtergeschluckt. ›Ein Junge weint nicht‹ – den Spruch kennt ja jeder. Bei mir hieß das aber auch: ›Sei nicht bockig, beruhige Dich wieder!‹ Oder einer sagte, ich wäre bloß müde. Später meinten meine Eltern immerzu, wenn ich weinte oder auch mal zornig war, daß ich damit bloß etwas erreichen wollte.«

Eltern, die mit ihren eigenen Gefühlen nicht umgehen können, werden durch die Gefühle ihrer Kinder verunsichert. Unter dem Motto »Du sollst nicht fühlen« bemühen sie sich dann, durch ihre Erziehungsmaßnahmen die Gefühlswelt der Kinder unter ihre Kontrolle zu bekommen. Dazu dienen jene Forderungen und Vorhaltungen, die Stefan angesprochen hat: Gefühle sollen rational begründet werden; das Kind soll erwachsen und vernünftig sein; mitunter dürfen Gefühle gar nicht ausgedrückt werden oder sie werden durch die Eltern in etwas anderes uminterpretiert.
Weitere, teilweise noch subtilere Methoden hat die Schweizer

Psychoanalytikerin Alice Miller eindrücklich geschildert. So warnen manche Eltern ihr Kind, sie könnten seine Gefühle nicht ertragen, oder sie machen die Gefühlswelt des Kindes lächerlich.

Schuldgefühle und Hänselei, Verbot, Interpretation und intellektuelles Gerede machen das Kind seinen eigenen Emotionen gegenüber mißtrauisch. Es wird dadurch in seinen Gefühlen nur labiler – dabei gibt es keine eindeutigere, unmittelbarere Erfahrung für ein Kind als ein natürliches Gefühl!

Von Generation zu Generation werden auf diese Weise die Ängste vor den eigenen Gefühlen übertragen. Der Wunsch, sie zu verbergen, tritt hinzu. Die innere Landschaft verödet nicht nur zur Wüste, sie wird auch noch mit einer Mauer verbarrikadiert.

Stefan hatte nicht nur Angst vor seinen Emotionen, er wollte sie auch niemandem mitteilen. Schon gegenüber seiner Mutter legte er sich eine Maske zu – um sich nicht rechtfertigen zu müssen, um sie nicht zu verunsichern, um nicht kritisiert oder erpreßt zu werden. Stefan wurde ein Vernunftmensch. Nur von Zeit zu Zeit schließt er sich in seinem Zimmer ein und läßt bei »I am a rock« Dampf ab. Dann ist er für einige Minuten er selbst.

Im Alltag gibt es viele Möglichkeiten, Gefühlen aus dem Weg zu gehen: Diskutieren und Analysieren sind Strategien, die zum Beispiel Stefan von Kindesbeinen auf vertraut waren. Auch jemand, der sich hinter einer bestimmten Rolle versteckt, die er im Leben spielt, vermeidet die Begegnung mit der Gefühlswelt. Er bleibt einfach im Schema seiner vorgefertigten Verhaltensweisen.

Nicht zuletzt bleiben aber auch Menschen wie Martha, die zu allem Ja-und-Amen sagen, von ihren Gefühlen abgeschnitten. Sie orientieren sich so stark an äußeren Erwartungen, daß sie gar nicht dazu kommen, einmal in sich selbst hineinzuhorchen.

Die Psychoanalyse hat sich intensiv mit den »Abwehrmechanismen« befaßt, mit denen innere Impulse gezügelt und entschärft werden sollen. Die eigene Gefühlswelt wird nicht bewußt wahrgenommen und erlebt, sondern durch die verschiedenen Abwehr-

mechanismen in Schach gehalten. Dies hat vor allem Anna Freud untersucht, und sie hat unter anderem folgende Mechanismen beschrieben:
Eigene Impulse und Gefühle werden anderen Menschen unterstellt (Projektion). Es wird nach sachlichen Gründen für eigene Wünsche und Regungen gesucht (Rationalisieren). Die Existenz bestimmter Gefühle und Impulse wird beharrlich bestritten (Verleugnen). Emotionen entladen sich nicht gegenüber demjenigen, an dem sie sich eigentlich entzündet haben, sondern werden an einem »Ersatzobjekt« abgeladen (Verschieben). Typisches Beispiel für diese letztgenannte Strategie ist der Ehemann, der wütend auf seine Gattin ist, dies ihr gegenüber aber nicht auszudrücken wagt und statt dessen den Hund prügelt. All diese Mechanismen werden dem Betreffenden – wenn überhaupt – erst im Nachhinein bewußt. Vieles, was unangenehm oder ängstigend ist, wird auch hier in den Bereich des Unbewußten abgeschoben (Verdrängung).
Diese und noch weitere Abwehrmechanismen werden von uns allen täglich gebraucht. Sie erfüllen nützliche Aufgaben für unser seelisches Gleichgewicht und erleichtern auch das Zusammenleben der Menschen untereinander. Das emotionale Klima würde wahrscheinlich unerträglich aufgeheizt, wenn wir alle unsere Gefühlsregungen jederzeit und unmittelbar zum Ausdruck brächten. Unsere Gesellschaft ist darauf angewiesen, die Emotionalität ihrer Mitglieder zu kontrollieren. Aber auch wir selbst müßten immer wieder durch innere Zerreißproben gehen, wenn wir jedem triebhaften Impuls immer sofort nachgeben würden.
Gefährlich und schädlich wird eine Gefühlskontrolle aber dann, wenn sie sich alle Bereiche unseres Lebens unterwirft. So notwendig es ist, daß wir den Ausdruck unserer Gefühle an der Kasse des Supermarktes, im Gespräch mit dem Chef oder gegenüber einem schwerkranken Familienmitglied filtern, so selbstzerstörerisch wäre eine Gefühlspanzer, in den wir uns auch in der Begegnung mit unserem Partner, unseren liebsten Angehörigen und besten Freunden hineinzwängen würden. Wie Wasser und

Brot zum Leben brauchen wir diese Gelegenheiten, unsere Maske abzulegen, uns spontan und frei zu fühlen.

Viele Mitmenschen haben aber, wie Stefan, gelernt, ihre Schmerzen zu verbergen und einen Damm gegen ihre Gefühle zu errichten. Auch gegenüber ihren Nächsten wollen sie sich nicht schwach und verwundbar zeigen. Selbst mit ihrem intimsten Partner können sie oft nicht über einen schweren Verlust oder andere harte Schicksalsschläge trauern. Der Fels ist seelisch versteinert, die Insel vom Festland der menschlichen Gemeinschaft abgeschnitten.

Um nicht zur emotionalen Wüste zu veröden, müssen wir uns unseren Mitmenschen gegenüber öffnen. Für unsere seelische Hygiene ist es wichtig, unsere Gefühle »auszudrücken«. Das bedeutet aber nichts anderes, als sie auszuleeren, sie hinauszulassen, sich ihrer zu entledigen. Doch nicht in jeder Situation und zu jedem Zeitpunkt ist es angebracht und möglich, das Innerste zu offenbaren. Unsere Gesellschaft hat Grenzen gezogen, innerhalb derer der Ausdruck von Gefühlen möglich und erlaubt ist. Und wir haben diese Grenzen verinnerlicht.

Taktgefühl und Aufmerksamkeit sind wichtige Tugenden beim Ausdruck der eigenen Emotionen, aber viele Menschen stecken sich hier ihre Grenzen eher zu eng als zu weit. Auch dort, wo Unbefangenheit und Offenheit gelebt werden könnten, bleiben sie verschlossen, versteinert und oberflächlich.

An dieser Stelle sollten wir uns auch daran erinnern, daß jede Gesellschaft die Grenzen der Emotionalität anders zieht. In Italien oder in arabischen Ländern werden zum Beispiel die Toten laut weinend und schreiend betrauert, dort wird noch dramatisch und für alle miterlebbar unter Schmerzen geboren. Diese Kulturen kennen dagegen wieder andere Tabus, die den Ausdruck von Gefühlen betreffen. Die Ehre eines Mannes etwa ist dort eine dominierende Vorstellung, die ihm seine Emotionen unter ein strenges Joch zwängt.

Verunsicherung und Angst hindern Menschen überall daran, auch im intimsten Kreis ihre Gefühle zu zeigen. Ein Gefühlspan-

zer schließt die Emotionen in ihrem Körper ein. Diese blockierte Energie führt letztlich zu psychosomatischen Störungen. Denn auch wenn wir äußerlich keine Regung zu sehen meinen – der Körper reagiert immer mit. Wenn uns ein Erlebnis emotional berührt, dann steigt unser Blutdruck an, das Herz schlägt schneller. Mancher bemerkt, daß es ihn fröstelt oder daß er zu schwitzen beginnt. Die Atmung geht rascher und wird flacher.
Auch Muskeln werden angespannt. Beim einen konzentriert sich die Spannung auf die Kaumuskulatur, er preßt die Kiefer fest aufeinander. Bei einem anderen verspannt sich der Nacken oder die Waden. Bei jeder starken Emotion stellt unser Körper auf diese Weise Energie bereit. Im Gefühlspanzer jedoch wird diese Energie festgehalten, statt sich lösen zu können.
Stefan war ein Mensch, der gelernt hatte, seine Gefühle unter Kontrolle zu halten; sein Körper aber rebellierte unter diesem Panzer:

»Manchmal merke ich, wie ich unter Dampf stehe. Ein Waldlauf oder Schwimmen hilft mir da vorübergehend, und ich kann etwas Energie loswerden. Der Druck hinter meiner Brust bleibt aber. Ich muß sehr vorsichtig sein mit dem Essen. Vieles schlägt mir auf den Magen. Ich fühle mich immer gleich voll und unwohl. Oft muß ich aufstoßen und wache nachts manchmal mit Blähungen auf.«

Wenn Energie über lange Zeit im Körper blockiert wird und nicht fließen kann, entstehen häufig psychosomatische Störungen. Neben einer Neigung zu Bluthochdruck und Gefahren für das Herz sind oft die Verdauungsorgane betroffen. Am Ende können manchmal Herzinfarkt oder Magengeschwür stehen.
Blockierte Energie kann aber auch Grübelei und Rückzug in eine Depression bewirken. Statt sich in einem Wutausbruch zu befreien oder sich mit guten Tränen von einer Last zu erleichtern, werden Gefühle heruntergeschluckt. Nun aber kreisen die Gedanken immer wieder um das entsprechende Thema. So wird die Depression auch als »gefrorene Wut« bezeichnet. Der Depressive berichtet, überhaupt nichts mehr fühlen zu können – so perfekt hat er sich von seiner Gefühlswelt abgekoppelt.

Die emotionale Energie, die innerlich eingeschlossen wurde, sucht sich andere Wege ans Tageslicht. Manchmal kommt sie als Explosion am falschen Ort zum Ausbruch. So vieles hat sich aufgestaut, daß letztlich ein Tropfen das Faß zum Überlaufen bringt und es einen Unschuldigen trifft. So etwas hat jeder schon einmal erlebt.
Auch Nervosität, Tics, Selbstverstümmelung wie Nägelkauen oder Haareherausdrehen sind inadäquate Mittel, innere Spannungen loszuwerden.
Schließlich nehmen viele Menschen auch deshalb Alkohol oder Tabletten zu sich, weil sie dann erst richtig abschalten können. »Unerledigte Geschäfte«, also Gefühle, die noch nicht geklärt worden sind, hindern uns am Einschlafen. Um ihre Seele ruhigzustellen, greifen Menschen zu Schlaf- und Beruhigungsmitteln – viele nicht nur zur Nacht, sondern auch tagsüber. Und so überrascht auch nicht die Meldung, daß 30–70 Prozent aller Patienten einen Arzt aufgrund einer primär psychisch bedingten Störung aufsuchen. Tabletten oder auch Alkohol schläfern ein. Die Gedanken laufen langsamer, die Umwelt erscheint im dämmrigen Licht, der Mensch wird emotional gleichgültiger.
Anderen hilft der Alkohol dabei, ihre Gefühle auszudrücken. Nach ein paar Schnäpschen getraut sich mancher eher, den Arm um die Nachbarin zu legen oder dem Schwiegervater die Meinung zu sagen. So wird wieder etwas Dampf abgelassen, aber nicht gelernt, wie Gefühle angemessen, offen, ehrlich und unmittelbar ausgedrückt werden können.
Unsere Kultur organisiert vielfältige Gelegenheiten, emotionale Energie loszuwerden. Kämpferische Sportarten sind beispielsweise für die Aktiven ebenso wie für die Zuschauer ein Ventil, durch das innerer Druck entweichen kann. Boxen, aber auch Fußball seien hier als Beispiele genannt. Auch Film und Fernsehen geben, von der Herz-und-Schmerz-Schnulze bis zum Kriegsfilm und Western, dem Publikum die Möglichkeit, Gefühle stellvertretend für die eigenen auf der Leinwand zu erleben und auszuleben. Der Videomarkt hat dieses Bedürfnis in jüngster Vergangenheit voll kommerzialisiert und bringt auch Kindern

und Jugendlichen jedes emotionale Spektakel ins Haus, nach dem die Seele gerade dürstet.
Neben jenen, die ihre Aggressionen auf den Rängen der Fußballstadien hinausbrüllen oder sich daheim an Horrorvideos berauschen, gibt es aber noch die »Stillen im Lande«. Als einen von ihnen habe ich Johannes, einen 35jährigen Bibliotheksangestellten, kennengelernt. Er berichtet:

»Viel erwarte ich nicht mehr vom Leben. Ich habe meine Arbeit, mein Auskommen. Abends lese ich, sonntags gehe ich zum Mittagessen zu meinen Eltern. Freunde hab' ich eigentlich keine – ein paar nette Kollegen schon. Ich denke, die schätzen meine ruhige Art. Ich war wohl auch immer zu gehemmt, um eine Freundin zu finden – jetzt ist es dafür wohl zu spät. Opern höre ich gerne. Das ist meine einzige Leidenschaft. Und vielleicht eines Tages ein Urlaub auf Ceylon.«

Nur in Bruchstücken wird aus dieser kurzen Schilderung die Persönlichkeit von Johannes deutlich. Doch auch ein längeres Gespräch mit diesem verschlossenen Mann würde nicht viel mehr zu Tage fördern. Hier fehlen Gefühle, und wir können die Affekte nur ahnen, die unter einer allesverhüllenden Schneedecke der Resignation verborgen sein mögen.
Fritz Zorn hat in seinem autobiographischen Roman »Mars« ausführlich über die Stille und Kälte dieser inneren Schneelandschaft berichtet. Er hat den Schmerz, den Zorn und die Hilflosigkeit freigelegt, die hier jahrzehntelang zugeschüttet lagen. Aber es war zu spät: Fritz Zorn (ein Pseudonym) war bereits an Krebs erkrankt, als er den Schnee der Resignation beiseite räumte.
Wohin aber packen diese »Stillen im Lande«, die sich nie wehren, die nie aufmucken, die keine Liebe erleben, aber darüber auch nicht weinen können – wohin packen sie die Gefühle, die sie hinuntergeschluckt und in sich hineingefressen haben? Krebs könnte eine der Krankheiten sein, die diesen Menschen als einzige Ausdrucksmöglichkeit noch bleibt. Krebs wäre die letzte Botschaft eines unverstandenen, resignierten Menschen. »Wenn die Seele schweigt, schreit der Körper« hat der Heidelberger Internist Huebschmann so einprägsam formuliert.
Sigmund Freud, der Begründer der Psychoanalyse, sah es als

entscheidend an, das Unbewußte bewußt zu machen: »Wo Es war, soll Ich werden«. Der innere Konflikt des leidenden Menschen sollte ausgesprochen werden.

Freud selbst starb später an Gaumenkrebs, und es wurde darüber spekuliert, ob diese Krankheit vielleicht Ausdruck von Freuds eigenem Unvermögen gewesen war, gemäß seiner eigenen Lehre sich von den inneren Zwängen freizusprechen. Womöglich hat er selbst eigene Gefühle und Impulse abgewürgt, statt ihnen Ausdruck zu verleihen. Wilhelm Reich, ein Schüler Freuds, hat diese umstrittene These vertreten, zu der aber angemerkt werden sollte, daß Freud starker Raucher war. Wer vermag da heute noch eine Entscheidung über die Krebsursachen treffen?

Wir können lernen, auch innerhalb unserer Kultur und vor allem unter den vertrauten Mitmenschen unsere Gefühle besser zu verarbeiten und mit emotionaler Energie besser umzugehen. Sport und andere körperliche Betätigung können gelegentlich sehr hilfreich sein, innere Spannungen abzubauen und wieder zur eigenen Mitte zu finden. Da auch positive Ereignisse häufig eine große Belastung im Sinne von Streß bedeuten, wird zum Beispiel Lottogewinnern empfohlen, zu brüllen, sich beim Waldlauf auszutoben oder Holz zu hacken. Vor allem ängstliche, in sich gekehrte Menschen gehen zu wenig aktiv die emotionalen Belastungen an, die auch erfreuliche Ereignisse wie zum Beispiel Beförderungen, Hochzeiten oder Geburten sie mit sich bringen, die ebensoviel Streß nach sich ziehen können, wie eine Scheidung oder eine Entlassung und sowohl zu einer geistigen Umstellung als auch zur Erarbeitung neuer Verhaltensweisen zwingen.

Verlusterlebnisse wie der Tod eines nahen Angehörigen, eine Scheidung oder die Pensionierung kann ein Mensch wohl niemals allein bewältigen. Es ist darum natürlich und selbstverständlich, hier den Trost und die tatkräftige Hilfe anderer Menschen zu erwarten. Viele der Betroffenen müssen aber erst lernen, ihren Kummer und ihre Sorgen auszusprechen, um Hilfe zu bitten oder sie überhaupt anzunehmen. Nur wenn sie dem

Helfenden einen Vertrauensvorschuß geben, erlauben sie sich überhaupt die Erfahrung der Hilfe und können ihre negativen Erwartungen nur so widerlegen. Hilfe anzunehmen, beinhaltet nämlich für diese Menschen die Angst, danach um so hilfloser im Stich gelassen zu werden, vielleicht auch belächelt oder erpreßt werden zu können.

Schließlich geht es auch hier um eine Einstellungsänderung: Menschen wie Martha, Stefan oder Johannes müssen lernen, die eigenen Gefühle (vor allem Angst und Wut) nicht länger als etwas Bedrohliches zu erleben. Sie müssen die positive Seite der Angst erkennen und sehen, daß Angst eine wichtige Aufgabe in unserem Leben erfüllt: Angst fordert uns zum Handeln auf, sie warnt uns aber auch und kann uns Energie geben. Angst ist ein Signal, daß wir einen notwendigen Entwicklungsschritt noch nicht getan haben und einer Forderung des Lebens ausgewichen sind.

So erzählt Stefan weiter:

»Meine Mutter, meine Kindheit haben immer noch eine große Macht über mich. Ich fühle mich noch in der alten Mühle eingezwängt. Ich getraue mich oft nicht, einen Freund spontan anzurufen oder mal Fünfe gerad sein zu lassen. Obwohl meine Eltern in einer anderen Stadt wohnen, fühle ich mich beobachtet. Ich höre sie förmlich sagen: ›Tu dies nicht, tu das nicht! Reiß Dich zusammen!‹«

Auch Wut und Zorn können »positive«, hilfreiche Gefühle für uns sein. Sie machen uns hellwach und lassen uns unsere Kraft spüren. Damit geben sie uns über den Augenblick hinaus eine Erfahrung, wer wir sind.

Aufgestauter Ärger aber macht uns krank – an Seele und Körper. Wir blockieren uns selbst, wenn wir Dämme gegen unsere inneren Impulse endgültig errichten wollen. Wir bekommen Angst vor unseren eigenen Gefühlen, weil wir verlernt haben, mit ihnen umzugehen. Von der inneren Spannung und von diesen »unerledigten Geschäften« können wir uns nur durch den Ausdruck der Gefühle (und sei es in Musik, Tanz, Malerei, Sport) befreien. Erst dann werden wir wieder offen und unbefangen für den Mitmenschen und für die Zukunft.

7 Rückzug: Zurück ins Schneckenhaus

Wer fasziniert Sie mehr: der arme Poet in dem Gemälde von Spitzweg oder der Wildwasserfahrer im Augsburger Eiskanal? Wer imponiert Ihnen mehr: der Philosophie-Professor inmitten seiner 5000 Bücher oder Götz George alias Schimanski bei einer deftigen Keilerei?

Biedermeier oder Faustrecht – zwischen diesen beiden Extremen ist unser Leben aufgespannt. Auch wir tragen in uns auf der einen Seite den Müßiggänger, den Grübler und den Sonderling, auf der anderen Seite den Macher, den Durchsetzungswilligen, den Hans-Dampf-in-allen-Gassen. Es ist unsere Lebensaufgabe, diese beiden Extreme zu integrieren und einen Mittelweg zwischen Spontaneität und Reflexion zu finden.

Wer immer nur grübelt und abwartet, scheitert im Leben ebenso wie derjenige, der sich immerzu von einem Abenteuer ins nächste stürzt und zwischen all seinen Aktivitäten keine Zeit für sich selbst findet.

Nach der Französischen Revolution, nach »Sturm-und-Drang« befriedigten Romantik und Biedermeier das Bedürfnis der Menschen nach Innerlichkeit, nach Stille und Rückzug. Carl Spitzweg hat diese Haltung in seinen Bildern treffend wiedergegeben. Heute scheint die entgegengesetzte Richtung angesagt: »Leistungsgesellschaft«, »Aktive Freizeit« und »Selbermachen« sind einige der bestimmenden Schlagworte unserer jungen, dynamischen Kultur.

Wie immer liegt der Fehler im Extremen und Einseitigen. Zum Leben gehört beides: Wir brauchen Aktivität ebenso wie Ruhe, gesunden Streß ebenso wie gelegentlichen Müßiggang. Schon unser Körper erhielt diese Polarität in Form der beiden Gegenspieler Symphaticus (für Aktivität) und Parasympathicus (für

Erholung) in sein autonomes Nervensystem einprogammiert. Nahezu alle Organe des Körpers werden von diesen beiden Kontrahenten im Wechsel regiert. Wenn einer der beiden zum Diktator wird und dauernd an der Macht bleiben will, rebellieren die Organe und wir werden krank. Magen, Herz oder Gefäße sind dabei oft besonders betroffen.

Das autonome Nervensystem steuert ohne unsere wissentliche Kontrolle unser inneres Milieu. Sehen wir uns ungewohnten Belastungen gegenüber, dann werden unsere Organe automatisch mitangeregt. Was mit dieser bereitgestellten Energie dann aber geschieht, hängt auch von unserem Verhalten in dieser Streßsituation ab.

Ein enttäuschend langweiliger Urlaubsort, die Versetzung auf einen wenig attraktiven Posten, der Einzug der schwierigen Großmutter ins eigene Haus, die Trennung von der Freundin – solchen belastenden Situationen können wir im Prinzip auf viererlei Weise begegnen:

1. Wir können *aktiv* die Streßsituation verändern, also beispielsweise den langweiligen Urlaubsort um so häufiger zu Ausflügen verlassen, uns gute Bücher schicken lassen oder den Urlaub abbrechen.

2. Wir können *uns selbst* aktiv verändern und uns der neuen Lage anpassen. Zum Beispiel können wir im Gespräch mit guten Kollegen unsere Karrierevorstellungen überprüfen und verändern, um uns dann etwas intensiver unseren Hobbies oder der Familie zuzuwenden.

3. Wir können die neue Situation *ignorieren* und zum Beispiel in der Familie so weiterleben, als hätte sich durch den Einzug der Großmutter gar nichts geändert.

4. Wir können uns passiv in uns selbst *zurückziehen,* zu trinken anfangen, krank werden oder einen Nervenzusammenbruch haben.

Im Grunde sind alle vier Wege akzeptabel und gangbar – solange wir nicht stur auf *einem* der Pfade bleiben und abhängig werden von *einer* schematischen Art der Problembewältigung.

▸ Erinnern Sie sich einmal zurück an eine schwere Zeit, die Sie selbst durchgemacht haben. Wie sind Sie damit fertiggeworden?
Haben sie die Ärmel aufgekrempelt und zugepackt? Haben Sie sich selbst verändert und an sich gearbeitet? Haben Sie die Belastungen einfach nicht wahrhaben wollen oder lange Zeit gar nicht wahrgenommen? Haben Sie sich ins Bett oder an den Kühlschrank geflüchtet oder zur Flasche gegriffen?
Im Grunde wären wohl alle vier Wege möglich gewesen – jedenfalls im Prinzip. Was aber hat sie damals dazu veranlaßt, den einen oder den anderen Weg einzuschlagen?
Machen Sie hier einen Moment Pause, um über diese Fragen nachzudenken.

Aus den Lebensgeschichten, die in diesem Buch bisher berichtet wurden, werden Fehler deutlich, die Menschen machen, wenn sie mit belastenden Ereignissen fertigwerden müssen.
Jochen, der erfolgreiche Ingenieur, blieb zu lange stur auf dem ersten Weg. Zu schematisch beharrte er auf der – häufig ja richtigen – Methode, Probleme zügig anzupacken und aktiv zu lösen. Er verpaßte darüber die Arbeit an sich selbst. Die Fähigkeit, euch einmal loslassen zu können und gegebene Umstände zu akzeptieren, ging ihm verloren.
Mit Jochens Worten hört sich das so an:

»Vielleicht hängt das mit meinem Beruf zusammen. In der Technik gibt es doch eigentlich für alles eine Lösung, man muß sie bloß finden. Und so dachte ich auch über mein Leben: das Ziel bestimmen, das Problem definieren, die Lösung finden und ausführen. Dabei blieb ich selbst wohl auf der Strecke: Das Leben ist halt mehr als ein Schaltplan.«

Auch Bernd, der die Bundeswehr menschlicher machen wollte, sah das Problem zu lange außerhalb von sich selbst, bei seiner Umgebung. Bernd leugnete die eigenen Grenzen. Er brach zusammen, weil er weder bei sich noch bei der Aufgabe, die er sich gestellt hatte, Abstriche machen wollte.
Martha, die 53jährige Witwe, paßte sich dagegen immerzu an die äußeren Gegebenheiten an. Sie ging den Weg Nr. 2, schraubte

immer wieder ihre Ansprüche zurück und kam auf diese Weise mit den Verlusten in ihrem Leben zurecht. Sie freute sich an ihrer eigenen Bescheidenheit und war stolz, zugunsten des (nun verstorbenen) Mannes und ihrer Kinder so verzichten zu können.
Helga, die wir als ehrgeizige Anwaltsgehilfin kennengelernt haben, ignorierte einfach einen Teil ihres Lebens. Sie vermied lange, sich auf ihren Freund wirklich einzulassen und befriedigende menschliche Beziehungen aufzubauen. Helga erzählte:

»Ich hatte wohl ziemliche Scheuklappen; alles war auf den Job ausgerichtet. Mein Freund hatte sich da unterzuordnen. Eigentlich waren es aber doch meine eigenen Bedürfnisse, die ich ausblendete. Ich wußte nicht, daß ich auch mal schwach und passiv hätte sein sollen. Statt dessen hatte ich Angst, wenn ich einen zu nahe an mich ranließ – das würde Ärger bedeuten. Also blieb ich auf Distanz.«

Johannes, der Bibliothekar, hatte sich längst mit dem Leben abgefunden. Er ignorierte nicht nur die Lebensaufgaben, die für jeden Menschen anstehen, er vernachlässigte sich auch selbst, zog sich zurück und flüchtete in die Welt der Bücher und Opernschallplatten. Letztlich schlug er also Weg Nr. 4 ein, den Weg des Rückzugs und der Resignation.
Ängste lassen viele Menschen flüchten: in die kleine Depression, in die Gedankenlosigkeit, in eine Sucht. Sie laufen jahrelang vor etwas davon, was in ihrem Leben zu einer Lösung gebracht werden müßte. Sie verlieren kostbare Lebenszeit und verlernen in ihrem Versteck immer mehr, es mit dem Leben aufzunehmen.
Alle Menschen haben ein natürliches Bedürfnis nach Sicherheit. Wer zu oft verunsichert wurde und zum Beispiel als Kind aus heiterem Himmel Schmerzen zugefügt bekam, der kann Unvorhersagbarkeit und Unkontrollierbarkeit nicht mehr ertragen. Unser Schicksal ist aber in vielem ganz und gar nicht kontrollierbar, aus unserer Umwelt kommt immer wieder Unvorhergesehenes auf uns zu. Je mehr wir leben, je aktiver wir sind, desto öfter können wir dabei Überraschungen erleben.
Darum zog Johannes auch die Konsequenz, sich zurückzuziehen.

Sein Rückzug war die Antwort auf die unerträgliche Verunsicherung in seiner Existenz.
Auch Tiere ziehen sich unter extremen Umweltbedingungen zurück. Versuchstiere, die unvorhersehbar bestraft oder belohnt werden, erstarren förmlich und schrauben ihren Stoffwechsel auf ein Minimum zurück.
Damit erlahmen nun aber auch die körperlichen Abwehrkräfte, und der Organismus wird anfällig für Infektionen und wahrscheinlich auch für Krebs. Insbesondere die weißen Blutkörperchen, die zum Beispiel eingedrungene Bakterien zerstören oder neu entstandene Krebszellen ausschalten, werden unter Belastungssituationen reduziert oder gehemmt. Eine wichtige Untergruppe hiervon, die sogenannten Lymphozyten, werden beispielsweise durch das Streßhormon Adrenalin in ihrer Aktivität blockiert.
Jeder Mensch kann sich nur bis zu einem bestimmten Maße an belastende Lebensereignisse anpassen. Einschneidende Lebensveränderungen, »Schicksalsschläge«, aber auch freudige Ereignisse gelten deshalb als Risikofaktoren für körperliche Erkrankungen: Wenn die Grenze der Belastbarkeit für längere Zeit überschritten wird, erlahmt die körpereigene Abwehr. Zugleich werden die Organe sowohl übermäßig beansprucht, als auch unzureichend ernährt.
Wichtige Einsichten in die Entstehungsgeschichte einer Krankheit vermag deshalb die Beantwortung der folgenden Frage erbringen: Was hat sich im Leben des Betroffenen eigentlich ereignet, bevor die Erkrankung ausbrach?

► Wenn Sie selbst in letzter Zeit ernstlich krank waren, können Sie dies bei sich selbst prüfen:
Hatte sich zuvor in Ihren Lebensumständen etwas geändert? Waren Veränderungen bei Ihnen selbst oder in Ihrem Umfeld vorgegangen? Oder war für Sie selbst in Ihrem inneren Erleben etwas anders geworden? Hatten Sie neue Erfahrungen gemacht oder eine Sache plötzlich in einem ganz anderen Licht gesehen?
Denken sie bei diesen Fragen auch an Ihre Familiensituation, an

Ihre Partnerschaft, an den Beruf, an Vermögensdinge, an Rechtsstreitigkeiten.
Wenn sie in letzter Zeit einen Unfall hatten, können Sie sich die gleichen Fragen auch hierzu vorlegen. Unfälle können Ausdruck innerer Konflikte sein oder sich unter belastenden Lebensumständen häufen.
Bitte halten Sie hier für einen Moment beim Lesen inne und denken Sie über dieses Thema und seine Bedeutung in Ihrem eigenen Leben nach.

Wenn Sie längere Zeit an einer Krankheit leiden oder immer wieder von bestimmten Beschwerden geplagt werden, können Sie darüber Protokoll führen. Schreiben Sie für jeden Tag, für jede Woche oder jeden Monat nebeneinander folgendes auf:

1. Ihre Beschwerden (wie stark, wie lange, wo genau, welche Qualität).
2. Die jeweilige Situation in Ihrer Lebensumwelt (Ehe, Familie, Beruf, etc. und dortige Veränderungen).
3. Die Gefühle, die Sie dabei hatten.
4. Was Sie unternommen, wie sie sich verhalten haben.

Mit diesem Tagebuch erhalten Sie eine Übersicht, die Einsicht vermitteln kann. Sie werden interessante und möglicherweise überraschende neue Zusammenhänge entdecken. Das Tagebuch kann Ihnen aufzeigen, wo Sie gegebenenfalls anpacken müßten, um Ihre Lage zu verbessern. Je nachdem kann es dann angemessener sein, sich selbst im Umgang mit der schwierigen Situation zu verändern oder aber diese Umweltbedingungen direkt anzugehen.
Im Rückblick stellen wir manchmal aber auch fest, daß wir aus einer Sache völlig unnötigerweise ein Problem gemacht haben. Dann wäre es am besten gewesen, den Weg Nr. 3 einzuschlagen und diese Situation einfach zu ignorieren.
Nebenbei fällt auch etwas Grundsätzliches auf, wenn wir unser Tagebuch führen und auswerten: Unser Leben bildet eine Ganz-

heit. Körper, Gefühle, soziale Beziehungen und Verhaltensweisen können wir nicht voneinander trennen. In dieser Einheit, die uns erst zum Menschen macht, ist alles untrennbar miteinander verwoben. Doch wir haben verlernt, diese Zusammenhänge zu sehen. Wir meinen, bestimmte Anteile, wie zum Beispiel den Körper, einfach abkoppeln zu können.

Es kann sehr befreiend sein, sich der Wahlmöglichkeiten bewußt zu werden, die wir im Leben haben. Wir stehen nicht unter dem Zwang, in einer bestimmten Art und Weise reagieren zu müssen, sondern können jeweils den geeigneten Weg wählen, wenn wir uns zum Beipsiel einer belastenden Situation gegenübersehen.

Johannes könnte seine Opern etwa im Opernhaus statt daheim von der Schallplatte hören und so vielleicht mehr unter Menschen kommen. Er könnte einem Chor beitreten oder tatsächlich seine Traumreise machen.

Jochen dagegen wäre besser beraten, Stille zu suchen. Er könnte ein Tagebuch führen, an einem Gesprächskreis seiner Gemeinde oder einem Meditationskurs teilnehmen, um sich in Reflexion und Selbsterfahrung zu üben.

Helga müßte sich fragen, welche Menschen ihr in ihrem Leben wirklich etwas bedeuten oder bedeutet haben. Sie könnte zu ihnen fahren und mit ihnen darüber sprechen.

So verschieden die Schwierigkeiten und die notwendigen Lösungsschritte dieser Menschen sind – bei allen geht es darum, sich für das Leben zu engagieren und »Ja« zum Leben zu sagen. Sie müssen ihre Defizite und Schwachstellen erkennen und auszugleichen versuchen.

Weil unser Leben begrenzt ist, können wir mit unserem Einsatz für dieses Dasein nicht warten. Jeder Tag, an dem hier nichts geschieht, ist ein verlorener Tag, der an unserer Lebenszeit abgeht, ohne uns etwas gebracht zu haben. Darum müssen wir uns aus unserer Bequemlichkeit aufrütteln lassen: Wenn nicht jetzt, wann dann?!

Mit Johannes, Jochen und Helga müssen auch wir Verantwortung für unser Leben übernehmen. Es fällt uns nicht allzuschwer, die Lebensaufgaben herauszufinden, vor denen wir uns immer wieder drücken. Vor allem im zwischenmenschlichen Bereich erreichen wir mit Abwarten überhaupt nichts. Es kommt auf uns an, den ersten Schritt zu tun – gegenüber unseren Freunden, unseren Eltern oder Kindern, gegenüber unserem Partner.

»Liebe ist eine Hol-Schuld« – ein einprägsamer Satz, der uns aufklärt, daß uns unsere Mitmenschen zwar Liebe schulden, daß wir uns diese Liebesschuld aber selbst abholen müssen. Bequemer und risikoloser ist es natürlich, sich wie einem kleinen Kind die ganze Zuwendung an die Wiege bringen zu lassen. Aber dabei verhungern wir.

Bei Seminaren über Eßsucht an der Volkshochschule begegne ich immer wieder dieser abwartenden Haltung: Als könne man sich Liebe ertrotzen. Vom Partner wird Zuwendung, Zärtlichkeit, Liebe und Anerkennung als spontane Geste erwartet. Auch wenn dieser Anspruch noch so berechtigt ist – was nützt dieses Recht, wenn einer seit Jahren auf solch eine spontane Geste wartet? Mittlerweile ist er emotional verhungert. Um diesen Mangel nicht spüren zu müssen, greifen Eßsüchtige zu Kuchen und Schokolade und laden sich doppelte Fleich- oder Käseportionen auf ihren Teller.

Beim Eßsüchtigen wird eine Aufgabe besonders anschaulich deutlich, die im Grunde auch dem Alkoholiker, dem Nikotin- oder dem Arbeitssüchtigen gestellt ist: Zwischen »psychologischem Hunger« und »körperlichem Hunger« unterscheiden zu lernen. Die seelische Leere wird von diesen Abhängigen häufig als körperlicher Mangelzustand verspürt. Dieser existentielle Mangel und die emotionale Verarmung sollen durch Nahrungsmittel, Alkohol, Rauchen, Anerkennung im Beruf oder andere Suchtmittel gestopft werden. Weil der »psychologische Hunger« dadurch aber nicht vergeht, wird die Dosis des Suchtmittels gesteigert. So entstehen Sucht und Abhängigkeit.

Wer seinen »psychologischen Hunger« jedoch spürt und wer den Satz »Liebe ist eine Hol-Schuld« für sich akzeptiert, kann den Teufelskreis der Abhängigkeiten durchbrechen und sein Schneckenhaus, in das er sich zurückgezogen hat, verlassen.

8 Lebenskampf: Der Körper als Schlachtfeld

Draufhauen oder Abhauen – diese Alternative hatten unsere Vorfahren in der Steinzeit, wenn sie gefährlichen wilden Tieren begegneten.

Kampf oder Flucht – diese Verhaltensmuster sind auch uns noch einprogrammiert. Die bedrohlichen Situationen, in die wir heute geraten können, sind allerdings kaum noch lebensgefährlich. Beißender Spott von Mitschülern über eine schlechte Klassenarbeit, ein Gespräch mit dem Chef über eine Gehaltserhöhung, der angekündigte Besuch der Schwiegermutter – von dieser Art sind unsere häufigeren Streßsituationen; Flugzeugabsturz oder Morddrohung gehören dagegen zu den seltenen Ereignissen.

Obwohl es uns also kaum je wirklich ans Leben geht, haben wir auch nach Jahrtausenden der Menschheitsgeschichte die alten Muster von Kampf oder Flucht nicht abgelegt. Unser Körper reagiert heute beim hänselnden Klassenkameraden, beim kritischen Chef und der zudringlichen Schwiegermutter noch ebenso wie vor Jahrtausenden gegenüber dem Tiger oder dem Kannibalen vom Nachbarstamm.

Unser Organismus antwortet auf tatsächliche ebenso wie auf eingebildete Gefahren mit einer »Alarmreaktion«, die ich in Kapitel 6 bereits skizziert habe. Durch den sympathischen Anteil des unwillkürlichen Nervensystems wird Energie für eine Kampf- oder Fluchtreaktion bereitgestellt. Atmung und Herzschlag werden schneller, die Pupillen weiten sich, die Hände werden feucht, usw.

Nun sind Kampf oder Flucht heutzutage aber nur selten angemessene Reaktionen auf schwierige Situationen. Wer würde schon mit seinem Chef die Gehaltserhöhung durch einen Ringkampf erstreiten wollen? Wer könnte einfach davonlaufen, wenn die Schwiegermutter im Taxi vorfährt? Darum greifen wir heute auch in aller Regel zu »vernünftigen« Verhaltensweisen: Wir diskutieren und argumentieren oder wir setzen eine freundliche, aber innerlich teilnahmslose Miene auf.

Trotzdem reagiert unser Körper im gleichen Moment im Sinne der alten Kampf/Fluchtmuster mit. Für die bereitgestellte Energie besteht nun aber kein Bedarf; weder fürs Draufhauen noch fürs Abhauen brauchen wir sie. In unserer Kultur fehlen also motorische Bewältigungsmöglichkeiten für aufgestaute Energien. Darum kommt es leicht zu einer chronischen Überaktivierung des Körpers. Auch nach dem ängstigenden Gespräch bleiben wir verspannt und nervös, abends schlafen wir schlecht ein, der Besuch der Schwiegermama hinterläßt bei uns Bauchschmerzen.

Wer dauernd unter diesem erhöhten Energieniveau steht, entwikkelt leicht einen Bluthochdruck oder Magengeschwüre. Außerdem wurde bei ängstlichen Menschen, die ja häufig unter der gespannten Erwartung einer bedrohlichen Situation leben, eine erhöhte Gerinnungsneigung des Blutes festgestellt. Bei ihnen bilden sich deshalb leichter Thrombosen, was zu Stauungserscheinungen in den Beinen oder gar zu einer Lungenembolie führen kann.

Die erhöhte Gerinnungsneigung des Blutes in Gefahrensituationen ist übrigens ein gutes Beispiel, wie ein ehemals sinnvolles biologisches Prinzip schädlich werden kann. Für den Steinzeitmenschen war es ja in der Tat nützlich, nicht sofort an einer Wunde aus einem Kampf mit dem wilden Bären zu verbluten. Erlebte er öfters gefährliche Situationen und wurde dadurch ängstlicher, so trockneten seine Wunden um so rascher ein.

Zusammenfassend können wir also feststellen, daß ein Mensch, der sein Leben als Kampf erlebt und deshalb ängstlich auf mögliche Gefahren schielt, ungesund und risikoreich lebt.

Entscheidend ist immer das subjektive Erleben: Für die körperlichen Auswirkungen kommt es nicht darauf an, ob eine Gefahr tatsächlich besteht oder ob man sie sich nur einbildet. In beiden Fällen wird eine »Alarmreaktion« ausgelöst.

Für das »Phänomen Streß« gilt das gleiche: Eine Situation, die

persönlich als belastend erlebt wird und der man sich hilflos ausgeliefert fühlt, bedeutet Streß. Die reale ebenso wie die eingebildete Überforderung und das Gefühl der Hilflosigkeit sind entscheidend, um eine Lebenssituation zur Streßsituation werden zu lassen. Und dieser Streß macht dann krank.
Diese subjektive Brille, die eine Vorbedingung des krankmachenden Streß ist, spiegelt sich in den Untersuchungen darüber wider, ob es eine typische Herzinfarkt-Persönlichkeit gibt. Hierzu wurde ein Fragebogen entwickelt, mit dem sich jene Menschen herausfinden lassen, die ein besonders hohes Risiko für einen Herzinfarkt tragen (nach Pelletier):

1. Essen, gehen und bewegen Sie sich immer rasch?
2. Würden Sie andere am liebsten antreiben, wenn sie reden?
3. Werden Sie gereizt und aufgeregt, wenn ein Auto vor Ihnen zu langsam fährt, wenn Sie in einem Restaurant oder vor dem Bankschalter warten oder wiederholt dieselben Aufgaben ausführen müssen?
4. Fühlen Sie sich fast immer schuldig, wenn Sie sich entspannen und ein paar Stunden lang überhaupt nichts tun?
5. Versuchen Sie immerzu, die Dinge noch enger zu planen, damit sie mehr erledigt bekommen?
6. Fühlen Sie sich genötigt, jeden herauszufordern, der Ihr Konkurrent ist?
7. Versuchen Sie häufig, zwei oder mehr Dinge gleichzeitig zu tun, beispielsweise zu lesen während Sie essen, Briefe zu unterschreiben, während Sie telefonieren?
8. Beobachten Sie, daß Sie im Gespräch die Sätze der anderen ergänzen oder sie durch ständiges »und, und« oder »ja, ja« antreiben?
9. Macht Sie der Fortgang der meisten Ereignisse ungeduldig?
10. Reißen Sie die Gespräche an sich oder lenken Sie die Unterhaltung auf Themen, die Sie interessieren?
11. Trommeln Sie häufig mit den Fingern, um eine Unterhaltung abzuschließen?

12. Glauben Sie, Ihr Erfolg beruht darauf, daß Sie die Dinge schneller als andere bewältigen können?
13. Befürchten Sie, andere werden erfolgreicher sein als Sie, wenn Sie sich mehr Zeit lassen?
14. Halten Leistung und Gewinn Sie so in Atem, daß Sie keine Zeit haben, um einfach nur zu sein?
15. Beurteilen Sie sich und andere mehr aufgrund von Leistungen als aufgrund persönlicher Merkmale?
16. Haben Sie Schwierigkeiten, persönliche Fehler oder emotionale Probleme zuzugeben?
17. Führen Sie die Arbeiten anderer Leute zu Ende, weil diese nicht schnell genug sind?

Ängste, Zeitdruck, Isolation und Getriebenheit prägen die Lebenseinstellung von Menschen, die nach mehreren Studien als besonders herzinfarktgefährdet gelten müssen. Bei ihnen befindet sich der Körper in dauernder Kampfbereitschaft, so daß neben Herzerkrankungen auch andere psychosomatische Störungen zu beobachten sind.
Der eindimensionale Wettstreit mit anderen zerstört aber auch das zufriedene Zusammenleben mit anderen Menschen. Die Ängste lassen die Seele verkümmern.
Ein Programm zur Streßbewältigung kann in vier Stufen ablaufen, die von eher oberflächlichen Methoden zur Energieabfuhr bis hin zu tiefgreifenden Persönlichkeitsveränderungen reichen. Je heftiger die Beschwerden, je quälender der Druck, je dramatischer die Störung, desto tiefer sollte das Programm fortgeführt werden.

1. Statt aufgestaute Energien weiter zurückzuhalten oder durch Essen, unterschwellige Aggressivität oder Nörgelei abzulassen, werden unschädliche Wege gesucht, um die aufgebauten Kräfte loszuwerden. Beispiele wären hier Waldläufe, Holzhacken, Tanzen, Schneeschippen, Gartenarbeit, Schwimmen, Radfahren oder Singen.
2. Wege zur besseren Entspannung werden gesucht und auspro-

biert. Statt Alkohol oder Medikamente können wir zum Beispiel ein warmes Vollbad nehmen. Auch Autogenes Training, Yoga und andere Entspannungsverfahren, wie sie etwa von den Volkshochschulen angeboten werden, sind hierbei behilflich.

3. Um die Ursachen des Streß zu packen zu bekommen, müssen nun jene Situationen näher angesehen werden, die einen belasten:

- Sind es reale Gefahren, denen wir uns ausgesetzt fühlen oder nur unsere Phantasien und Vermutungen?
- Sind wir tatsächlich hilflos ausgeliefert?
- Können wir die Situation nicht von vornherein anders gestalten?
- Können wir uns in der Streßsituation selbst anders verhalten?

Eine derartige Situationsanalyse half Doris, einer 35jährigen Verkäuferin, mit ihrem Beruf besser zurechtzukommen. Unter den Belastungen am Arbeitsplatz hatte sie lange Zeit sehr gelitten und war vom Hausarzt wegen Nervosität und Schlafstörungen schon mit Beruhigungsmitteln behandelt worden. Nun berichtete sie folgendes:

»Wenn ich etwas über Ladendiebstähle oder über Personalabbau im Einzelhandel las, bekam ich sofort panische Angst, davon auch persönlich betroffen zu werden. Zudem wartete ich immer auf ein Lob oder Anerkennung von meinem Chef und glaubte, er sei mit mir nicht zufrieden. Ich fühlte mich unter enormem Leistungsdruck und meinte, mein Arbeitsplatz sei in Gefahr. Weil mein Chef so einsilbig war, wurde ich langsam sauer: Ich rackerte mich für die Firma ab, und er sah das noch nicht einmal. Einige Male wandte ich mich deshalb in ziemlich aggressivem Ton an ihn, worauf bei ihm natürlich auch der Rolladen runterging. Erst nach einer ruhigen Aussprache, bei der ich auch über mein Engagement für die Arbeit und über meine Befürchtungen sprach, wurde ich wieder gelassener. Mein Chef äußerte sich sehr zufrieden über meine Leistungen. Er meinte, ich mache mir zu viel unnötige Sorgen, und gab zu, daß er den übermäßigen Einsatz von mir schon für selbstverständlich gehalten habe. Neben dieser Aussprache war für mein entkrampfteres Verhältnis zur Arbeit aber auch wichtig, daß ich mir jetzt meine Freizeit aktiver gestalte. Abends habe ich jetzt einfach keine Lust mehr, noch ewig meinem Ärger und meinen Ängsten um den Arbeitsplatz nachzuhängen.«

4. Für Doris begann die Streßbewältigung also mit einer Überprüfung der Streßsituation. Aus ihren Schilderungen wird dann mehr und mehr deutlich, daß sich aber bei ihr selbst Einstellungen zur Arbeit gewandelt haben müssen. Daß Streßbewältigung letztlich eine Einstellungsfrage ist, wurde an dem Beispiel der Herzinfarktopfer deutlich. Ebenso wie für Doris würde es auch für den von Zeitdruck, Ehrgeiz und Rastlosigkeit geplagten Menschen nicht genügen, nur die äußere Situation unter die Lupe zu nehmen.

Letztlich entscheidend ist für diese Menschen, die eigene innere Haltung zu überprüfen und zu verändern. Ein wichtiger, wenn auch schwieriger Schritt war dabei für Doris, ihre Arbeit in der Firma nicht mehr als Überlebenskampf inmitten einer feindseligen, undankbaren Umwelt zu sehen. Ebenso hätte das Herzinfarktopfer bei sich selbst anzufangen und zu fragen, weshalb es solch ein bedrückendes Szenario von Konkurrenzdruck und Lebenshetze um sich aufbaut.

Neben dem krankmachenden Streß, bei dem ich mich ausgeliefert und als »Opfer« fühle, kennen wir ja auch eine wohltuende Form des Stresses. Streß kann nämlich gut tun, wenn ich mich selbst als dessen »Macher« erlebe. Es ist also auch die innere Einstellung zum Streß, die krank machen oder heilen und helfen kann.

Wenn Doris sich also auch heute noch genauso intensiv um jeden einzelnen Kunden bemüht, auch weiterhin so pünktlich und exakt arbeitet, so kann sie doch mit mehr innerem Abstand zur Arbeit heute sagen: »Ich habe mich selbst so entschieden, diesen Beruf auszuüben, und da will ich ihn auch ernst nehmen«. Doris blieb also nicht länger das hilflose Opfer übermächtiger Gewalten. Heute entscheidet sie als »Macherin« selbst über das Ausmaß der Belastung, das sie sich zumutet.

Wie beim Herzinfarkt-Typ sind es häufig die eigenen Lebens-

ziele, die einen Menschen unter Druck setzen. Im Alltag werden sie dann als »Streß« erlebt, dessen Ursachen aber in der Umwelt und nicht dort gesehen werden, wo sie wirklich herrühren: aus dem eigenen inneren Programm. Dies gilt es umzustellen.
Im zweiten Kapitel habe ich es schon aufgezeigt: Im Mittelpunkt steht unser Selbstkonzept. Auf dieser Basis konstruieren wir uns unser Lebensprogramm. Sehen wir uns nur dann als wertvolle Menschen, wenn wir alles besonders schnell, gut und perfekt leisten können? Solch ein Selbstbild muß krankmachenden Streß heraufbeschwören. Denn statt einer spielerischen Einstellung zum Leben dominiert hier der Lebenskampf.
Der vierte und radikalste Weg zur Streßbewältigung besteht darum in einer Korrektur der eigenen Lebenseinstellung und der Vorstellungen und Erwartungen an uns selbst.

Wie ein roter Faden kann sich das Thema »Kampf« durch ein Menschenleben ziehen. Ein klassisches Beispiel gab hierzu Heinrich von Kleist mit seinem »Michael Kohlhaas«:
Wegen eines vergleichsweise geringfügigen Unrechts, das Kohlhaas zugefügt wird, als er sich mit einem Junker um zwei Pferde streitet, verstrickt er sich in eine jahrelange persönliche Fehde mit der Obrigkeit. In diesem Kampf kommt eins zum anderen, so daß Kohlhaas selbst auch Unrecht begeht und in dieser Auseinandersetzung schließlich nicht nur sein Hab und Gut, sondern auch sein Leben verliert.
Das Schicksal des Michael Kohlhaas ist zeitlos, mag es beim Lebenskampf auch nicht immer um Leib und Leben gehen. Auch heute ist ein übersteigertes Unrechtsbewußtsein eines der Motive, welches Menschen zu jahrelangem Kampf und Streit treibt. Aus diesem Teufelskreis von Unrecht – Vorwurf – Rechtfertigung und neuem Vorwurf ist oft nicht zu entkommen. Kampf erzeugt immer Kampf, Druck immer Gegendruck und Haß immer Haß.
Wer beispielsweise schon einmal mit einem Nachbarn in einem Rechtsstreit gelegen hat oder wer unter wüsten gegenseitigen Beschimpfungen durch eine Scheidung ging, kennt diese Art

Clinch aus eigener schmerzlicher Erfahrung. Aus Druck und Gegendruck entwickelt sich oft eine eigene Dynamik, die auch von den Beteiligten nicht mehr unter Kontrolle gebracht werden kann. Am Ende gibt es keinen Sieger, zurück bleiben nur Verlierer. Nur Demut, Liebe und Verzicht vermögen den Teufelskreis zu durchbrechen.

Ein weiteres Motiv, welches das Leben zum Kampf werden läßt, ist der Wunsch, die eigene Biographie zu durchbrechen. Viele Menschen hadern mit ihrem Schicksal. Statt die Verantwortung dafür zu übernehmen, wer sie sind und was sie sind, haben sie ein Programm, wie sie sein wollen. Sie boxen sich hoch, sie beißen sich durch, sie wollen es erzwingen und wollen es den anderen zeigen. Die Brechstange, mit der sie ihr Schicksal umwerfen wollen, reißt jedoch Wunden – und die tiefsten bei ihnen selbst.

Bei Eva konnte eine ganze Station in einer Frauenklinik diesen Kampf miterleben. Eva war 49 Jahre alt und »nur Hausfrau«, wie sie selbst gerne und ironisch hervorhob. Wegen zahlreicher (gutartiger) Knoten und starker Blutungen mußte sie sich die Gebärmutter entfernen lassen. Nun wartete sie nach der Operation schon einige Tage darauf, wieder selbständig Wasser lassen zu können. Doch dies klappte nicht, sie brauchte weiterhin einen Katheter.

Evas Ungeduld und Spannung bekamen die Schwestern auf der Station deutlich zu spüren. Immer wieder mußten sie springen: Eva hatte einmal hier Schmerzen, einmal da. Sie war voller Vorwürfe wegen der Betreuung und scheuchte das Personal immer wieder mit Sonderwünschen über die Gänge. Im Gespräch war die massige, temperamentvolle Frau sehr redselig; und so kamen einige Hintergründe ihres Verhaltens zur Sprache:

»Mein Mann hat seinen Vater nie gekannt und hat sich von einem kleinen Bauernhof bis zum Ingenieur hochgeschafft. Er kennt nur die Arbeit und kann überhaupt nicht Urlaub machen. Ich bin halt nur Hausfrau und kann mit seinem Pensum nicht mithalten. Allerdings haben wir einen großen Haushalt, in dem noch meine Schwiegermutter wohnt. Obwohl ich auch noch einen riesigen Garten habe, den ich praktisch alleine versorge, werde ich von der ganzen Familie nicht anerkannt. Ich mache mir alle Mühe, koche viel selber ein, putze das große Haus alleine, alles ist perfekt – jetzt müßten die Pflaumen vom Baum geholt und eingeweckt werden. Ich rackere mich ab, nehme mir

keine Zeit für mich selbst, versorge auch noch eine bettlägrige Nachbarin. Meine Operation hier habe ich schon sechs Monate aufgeschoben – einfach weil ich keine Zeit hatte!
Man sagte mir, ich könne nach zehn Tagen wieder nach Hause – und jetzt klappt das mit dem Wasserlassen nicht! Heut' ist schon der sechste Tag nach der Operation, und es geht noch nicht!«

Eva wollte erzwingen, was sie sich in den Kopf gesetzt hatte. Mit dieser Strategie scheiterte sie aber an ihrer Blase ebenso wie bei ihrer Familie, wo sie sich durch Leistung hatte Anerkennung ertrotzen wollen. Nötig wäre Entspannung gewesen, Eva hätte spontan Wasser lassen können, wenn sie hätte loslassen und im doppelten Sinne »weinen« können.
In ihrem mächtigen Körper hielt sie diese Spannungen zurück. Auch in ihrer Familie schloß sie den Schmerz in sich ein und erlaubte sich nicht zu weinen. Tränen ließ sie auch nicht darüber zu, daß ihr Mann sie mit seiner Mutter verglich und Eva keine Chance hatte, jemals das Ideal dieser ehrgeizigen Familie zu erfüllen.
Die Wut und den Zorn über das Leben, das uns entgangen ist, und über die Schmerzen, die wir ertragen mußten, um zu überleben – all dies haben wir herunterzuschlucken gelernt. Wir wissen nichts mehr von den Kränkungen und sind überrascht über unsere eigene unterschwellige Aggressivität und erschrecken über unsere Nörgelei und Kritiksucht.
Auch wenn das Thema »Lebenskampf« nicht bei jedem Mitmenschen so deutlich zu Tage tritt wie bei Eva, schwingt es doch bei vielen als Grundstörung auch im Alltag mit. Hierfür sprechen ein aggressiver Fahrstil im Straßenverkehr, die Begeisterung für agressive Musik und harten Sport und nicht zuletzt die größere Bereitschaft, andere Menschen zu kritisieren statt sie zu loben. Die unterschwellige Aggressivität spiegelt sich in der Politik wider, in den reißerischen Schlagzeilen der Boulevardpresse, in Rücksichtslosigkeit und Ellenbogendenken in der Straßenbahn ebenso wie in der Warteschlange.
Wo Kampf zum beherrschenden Lebensthema wird wie bei Michael Kohlhaas oder in unserem Beispiel bei Eva, können wir

dies als Charaktervariante ansehen: Hier haben sich bestimmte Denk- und Verhaltensmuster zu einem Teufelskreis verfestigt. Diese Menschen kämpfen für alles oder gegen alles – und wenn sie scheitern, dann kämpfen sie eben noch entschiedener und rückhaltloser.

Dies ist eine falsche, aber allgemein gebräuchliche Methode der Krisenbewältigung: Wir alle neigen dazu, in schwierigen Situationen wiederum zu den Mitteln zu greifen, die uns vertraut sind – auch wenn uns gerade diese Verhaltensweisen in die Krise geführt haben. »Mehr desselben« ist aber eine Strategie, die uns nur noch weiter in den Schlamassel stößt. So greift der Süchtige, der gelernt hat, daß die Droge (Alkohol, Tabletten oder anderes) ihm Entspannung und Vergessen bringt, immer häufiger und in höherer Dosis zur Droge, wenn mit seiner Abhängigkeit die Probleme größer werden.

In einen ähnlichen Teufelskreis verstricken sich Menschen, die an irgendeinem Makel leiden. Sie fühlen sich zum Beispiel zu groß, zu dick, zu klein, zu häßlich oder sie sind schwerhörig, gehbehindert oder haben einen Sprachfehler. Wegen dieser (tatsächlichen oder eingebildeten) Defekte ziehen sie sich vor ihrer Umwelt zurück – mit dem Ergebnis, daß sie sich jetzt nur noch intensiver mit ihrem Defizit befassen. Sie lernen nicht, es zu aktzeptieren, sondern hadern mit ihrem Schicksal. Auch lernen sie nicht, wie sie in der Gemeinschaft mit anderen mit dem Defizit besser umgehen könnten. Schließlich können sie ihre vielleicht überzogene und pessimistische Ansicht von sich selbst nicht im Gespräch mit anderen überprüfen. So bleiben sie in ihrem Versteck gefangen und verstricken sich mehr und mehr in Selbstzweifel und Depression.

Übersteigerte Kritik und Selbstkritik führen ebenfalls in einen Teufelskreis hinein: Aussichtslos wird gegen Gegebenes und Geschehenes angekämpft. Kein Mensch verändert sich nämlich unter Druck wirklich, auch wenn er oberflächlich vielleicht das geforderte Verhalten zeigt. Diese Anpassung soll aber nur den Kritiker beschwichtigen. Innerlich jedoch verhärtet er sich unter Umständen sogar noch stärker in seiner alten Haltung, denn Druck erzeugt immer Gegendruck.

Auch eine noch so wohlwollend gemeinte Kritik enthält letztlich immer die Forderung: Ändere Dich! Ob die Saat einer (wohlgemeinten) Kritik aber aufgeht, hängt keineswegs von ihren Motiven oder ihrer Form ab. Sie kann mit dem größten Wohlwollen, den freundlichsten Worten vorgebracht werden und dennoch nichts fruchten. Entscheidend dafür, ob eine Kritik ankommt, ist der Boden auf den diese Saat bei dem Kritisierten fällt: Ist dieser Boden von Veränderungsbereitschaft ausreichend bewässert und mit konkreten Absichten und Zielen durchpflügt worden? Wo die innere Bereitschaft zur Veränderung fehlt, da sind Hopfen und Malz verloren, da erzeugt die Kritik nur Abwehr und Gegendruck. Ein zwischenmenschlicher Teufelskreis kommt in Gang, wie er gerade zwischen Eltern und Kindern häufig zu beobachten ist (siehe Kapitel 10).

Wo dagegen eine eigene Bereitschaft zu einem neuen Anfang besteht, ist Kritik eigentlich gar nicht mehr nötig. Wichtiger wäre es hier, Mut zu machen und als Ratgeber zur Verfügung zu stehen – aber nur auf Anfrage, denn allzuleicht verbirgt sich hinter einem freundschaftlichen Ratschlag nichts anderes, als kaum verhohlene Kritik.

Aus eigener Erfahrung kennt jeder einen weiteren Teufelskreis, der durch das sinnlose Ankämpfen gegen sich selbst zustande kommt: Schuldgefühle, die wir uns wegen unserer Fehler machen, verunsichern uns und ändern nichts an der Situation. Schuldgefühle führen vielmehr oft nur zu neuen Fehlern, weil sie verhindern, daß wir uns frisch und unbefangen den Lebensaufgaben stellen. Schuldgefühle engen uns ein, fesseln uns an die Vergangenheit und bringen dem Geschädigten praktisch nichts ein.

Eine richtig verstandene Selbstkritik gleicht dagegen eher einer nüchternen Inventur. Im Mittelpunkt dieser Bestandsaufnahme steht nicht die Frage der Schuld, sondern die Frage »Was ist jetzt zu tun?«. Es gilt, »unerledigte Geschäfte« zu erledigen. Keinem der Beteiligten würde es helfen, wenn ich mich bloß meiner eigenen Schlechtigkeit schämte. Vielmehr frage ich mich, welcher Brief als erstes zu schreiben, welches klärende Gespräch als nächstes zu führen ist – und bringe in dieses Gespräch weniger die Sünden der Vergangenheit als die Aussichten und Pläne der unmittelbaren Zukunft ein.

Machen wir uns nichts vor: Die Arbeit an uns selbst ist mühsam und braucht ihre Zeit. Nehmen wir uns deshalb nicht zuviel vor. Wir alle neigen zum Altvertrauten und wollen lieber im Sicheren wenn auch Schmerzlichen verharren, als den neuen Schritt, den Sprung ins Ungewisse zu wagen.

Die Kräfte des Beharrens sind stark, und Nüchternheit gegenüber sich selbst ist eine lebenslange Herausforderung. Davon wußte auch Friedrich Nietzsche, denn in seinen Aphorismen schreibt er mit bestechender Treffsicherheit: »Das habe ich getan, sagt mein ›Gedächtnis‹. Das kann ich nicht getan haben, sagt mein Stolz und bleibt unerbittlich. Endlich – gibt das Gedächtnis nach.«

9 Partnerschaft: Das Lebensspiel für zwei

In einem Wochenblatt für kostenlose Kleinanzeigen war folgendes Inserat zu lesen:

> Junge Mutter, 24 J., hat 3 kl.
> Kinder von 4, 5 J. und 16 Mon.,
> lebt in Scheidung, sucht einen jungen
> Mann bis 26 J., der treu, lieb u.
> zärtlich ist und keinen Alkohol trinkt.
> Bin nicht sehr schön und schlank
> bin ich auch nicht. Chiffre . . .

Mit etwas Phantasie können wir uns die Lebensgeschichte ausmalen, die sich hinter diesen Zeilen verbergen mag. Mit etwas Einfühlungsvermögen können wir auch die Leidensgeschichte erahnen, die aus den wenigen, aber bitteren und zugleich bittenden Worten spricht: Von Einsamkeit und Enttäuschung, von Entwürdigung und früher Unfreiheit ist da die Rede.

Mit 17 Jahren gerät die junge Frau an einen Alkoholiker, wahrscheinlich um einiges älter als sie. Als ein Kind unterwegs ist, wird geheiratet – keine guten Voraussetzungen für eine lebenslange Verbindung. In rascher Folge kommen drei Kinder. Die junge Mutter hat Sorgen, aber Ausbrechen ist nicht möglich – ihre Eltern waren gegen die Beziehung und haben den Kontakt zu ihr abgebrochen. Sie muß ihren Kummer in sich hineinstopfen und ißt mehr, als ihr guttut.

Der Mann trinkt. Auch er ist unzufrieden mit seinem Leben. Wenn er abends nach Hause kommt, wird die hilflose Frau verprügelt, vielleicht auch die Kinder, wenn sie keine Ruhe geben. Geld ist auch keines da. Lange hat die junge Frau mit sich gerungen, bis sie sich zur Scheidung entschließt. Was bleibt ihr jetzt noch? Was kann sie noch vom Leben fordern – mit 24 Jahren?

Ganz von unten, ganz bescheiden bittend offenbart sie sich in der Bekanntschaftsanzeige: »Bin nicht sehr schön und schlank bin ich auch nicht«. Man spürt förmlich ihre Schüchternheit und Verzagtheit. Ihre Wünsche an den neuen Partner sind eigentlich die selbstverständlichsten von der Welt – für sie aber sind diese Eigenschaften ganz und gar nicht selbstverständlich. Daß einer treu, lieb und zärtlich ist, das hat sie bisher nie erfahren. Darauf hat sie keinen Anspruch – Liebe, Treue und Zärtlichkeit muß sie sich erst erbitten.

Nur eine Bedingung nennt sie: Er soll keinen Alkohol trinken. Das hat sie sich fest vorgenommen. Damit will sie nichts mehr zu tun haben.

Wie aber stehen die Chancen dieser jungen Frau, aus ihrer unterwürfigen Position heraus an einen Mann zu geraten, der sie nicht wieder ausnützt und mißhandelt? Sie zeigt sich anspruchslos und bescheiden, vom Schicksal geschlagen: die Haltung des Opfers. Gerade deshalb müssen wir befürchten, daß ihr Wunsch nicht in Erfüllung gehen wird.

Tatsächlich gehen die Partner(innen) von Alkoholikern nach dem Scheitern der Beziehung oft wieder eine Beziehung zu einem Alkoholiker ein. Dies liegt zum einen daran, daß sie sich selbst schon gar nicht mehr in einer anderen Rolle als in der des Opfers sehen können. Sich aufopfern, für andere da sein und ihren Dreck wegmachen – das kann für den erniedrigten, selbstunsicheren Menschen die letzte und einzige Selbstbestätigung sein und mitunter einen gewissen moralischen Gewinn bedeuten. Diese Menschen fühlen sich gerade deshalb anderen überlegen, weil sie mehr leiden können als diese.

Ein zweiter Grund dafür, daß Menschen in ihren Beziehungen immer wieder dieselben Fehler begehen, liegt in der Vertrautheit des alten Trotts. Es ist leichter, mit neuen Partnern das alte Spiel zu spielen, als umgekehrt mit den alten Partnern ein neues Spiel zu beginnen.

Die Symptome und Schwierigkeiten eines Partners haben große Bedeutung für die Stabilität einer Beziehung. Wenn ich weiß, mein Partner braucht mich und ist zum Beispiel wegen seiner

Sucht, seiner Depressionen, wegen körperlicher Gebrechen oder wegen seiner Firma von mir und meiner Hilfe abhängig, dann kann ich mich in dieser Beziehung vollkommen sicher fühlen – bei allem Ärger und allen Belastungen, die dabei täglich auf mich zukommen.

Wie ein verständnisvoller Vater oder eine aufopfernde Mutter gebraucht zu werden, den Beschützer gegenüber einer grausamen Umwelt spielen zu können – diese Rollen verleihen mir Sicherheit, auch wenn ich unter den Fehlern und Lastern des Partners leide. Solange er mich nur braucht!

Den meisten Menschen sind Sicherheit und Vorhersagbarkeit im Leben wichtiger als Erfüllung und neue Entdeckungen. Von der Vorliebe für das »gemütliche Elend« war ja schon die Rede. Dies gilt auch für die Beziehungen zwischen zwei Partnern.

Wie kommt es, daß hier oft die größten Erwartungen bestehen und dann doch immer wieder die größten Enttäuschungen erlebt werden?

Ein Drittel aller Ehen in Deutschland werden heute wieder geschieden, und dennoch scheint Menschen irgendetwas zu zwingen, immer wieder die alten Erfahrungen zu wiederholen. Sigmund Freuds Begriff vom »Wiederholungszwang« trifft hier ins Schwarze: Wer aus seinen Erfahrungen nicht lernt, ist dazu verurteilt, sie zu wiederholen. Solange die Ursachen für eine mißglückte Partnerwahl nicht aufgedeckt worden sind, wirken sie weiter.

Wir suchen Abhängigkeit, wir fliehen Abhängigkeit. Selbst in der Beziehung können viele oft nicht aus ihrem Gefühlspanzer heraus. Sie reagieren, wie sie meinen, daß sie reagieren müßten. Sie folgen eher einer Regieanweisung für ihre Rolle im Ehedrama als den eigenen inneren Impulsen, wie sie im alltäglichen Miteinander laufend durch den anderen geweckt werden.

In diesem Kapitel soll es um alle Formen enger persönlicher Beziehungen gehen, die uns wichtig sind. Wenn darum hier von »Partnern« die Rede ist, sind nicht nur die Verliebten, Verlobten oder Verheirateten gemeint, sondern alle Menschen, die zusammenleben oder täglich persönlichen Umgang miteinander haben.

»Partner« können also auch Enkel und Oma, Nichte und Großtante oder zwei Freunde sein, die täglich länger zusammen sind.

▶ Mit einer kleinen Reise wollen wir versuchen, die Realität der Partnerschaft einmal kurz in das Erleben beim Lesen dieses Buches hereinzuholen:
Versetzen Sie sich einmal zurück in einen schönen, harmonischen Urlaub oder in ein zufriedenes gemeinsames Wochenende, das sie vielleicht kürzlich mit ihrem Partner verbracht haben. Stellen Sie sich vor, was Sie zusammen unternommen haben, wie Sie miteinander umgegangen sind. Sie haben also eine schöne, friedliche Zeit zusammen verlebt – und was geschah dann? Wo endete die Harmonie? Wie kamen die ersten Mißtöne auf? Was zerriß die traute Zweisamkeit?
Versuchen Sie, ganz nüchtern an diese Situation zurückzudenken. Es ist ja vollkommen natürlich und passiert fast täglich in fast allen Beziehungen, daß eine Harmonie auch wieder ein Ende hat und das gemeinsame Glück nicht ewig dauert. Es muß immer wieder neu errungen werden. Doch es ist wichtig, herauszufinden, was die gemeinsame Zufriedenheit stört oder zerstört. Nehmen Sie sich bitte hier ein paar Minuten Zeit, um über solche Situationen in Ihrer wichtigsten Beziehung nachzudenken.

Zu welchen Ergebnissen sind Sie gekommen? – Wenn Sie diese Übung einige Male nüchtern und möglichst emotionslos durchgeführt haben, werden Sie wahrscheinlich feststellen (wenn Sie es nicht schon wissen), daß es fast immer die gleichen Themen sind, an denen sich der Streit zwischen Ihnen entzündet.
Einige Beispiele: Sie hat noch einen alten Freund, den er nicht mag. Er vergißt, vor dem Wochenende genügend Bargeld abzuheben. Sie gibt sich seinen Kochkünsten gegenüber spröde und einsilbig. Er bleibt morgens lange liegen, während sie etwas mit ihm unternehmen möchte. Dies sind alles Gelegenheiten, sich in die Haare zu kriegen. Ein Wort gibt das andere – und schon ist der schönste, altbekannte Streit wieder entfacht.
Partner, die es ernst miteinander meinen, sollten sich über

solche, häufig wiederkehrenden Situationen gemeinsam klar werden. Offen sollten Sie einmal Revue passieren lassen, was sie am anderen ärgert und wie sie selbst dann immer wieder reagieren. Bewußt oder unbewußt weiß jeder, welche seiner Verhaltensweisen oder Äußerungen den Partner auf die Palme bringen.

In jeder Beziehung gibt es gewisse Themen, bei denen jeder die Reaktion des anderen vorhersagen kann – so häufig haben sich diese Dialoge schon in dieser oder ähnlicher Form abgespielt.

Was sind für Ihren Partner die Steine des Anstoßes? Welche Gespräche und Auseinandersetzungen laufen in Ihrer Beziehung praktisch vorhersehbar uniform ab?

Es kann sich um harmlose Themen handeln, die aber auch zu scharfem Streit eskalieren können. (Es sollen Ehemänner schon ermordet worden sein, weil sie sich nie die Schuhe an der Haustür abtraten!) Solche heiklen Themen können existentiell für beide Partner bedeutsam und für die Beziehung sehr bedrohlich sein.

Um Mißverständnissen vorzubeugen, sei hier betont, daß damit keineswegs verlogene Harmonie oder geheuchelte Zweisamkeit gepredigt werden soll. Im Gegenteil: Konflikte und Spannungen gehören ebenso zu einer Lebenspartnerschaft wie das gemeinsame Tragen von Leid und die geteilte Freude.

Meinungsverschiedenheiten sind natürlich und nützlich: So bleiben wir in Bewegung und lernen dazu. Berührungspunkte sind immer auch Reibungspunkte, und ein reinigendes Gewitter nützt mehr als die schwüle Atmosphäre unausgesprochenen Ärgers. Schädigend und krankmachend sind fortbestehende Dauerkonflikte und verhärtete Standpunkte, die keine Weiterentwicklung der Beziehung zulassen. Die Partner halten sich hinter ihren Panzern bedeckt, statt dahinter hervorzukommen und gemeinsam nach einer Lösung zu suchen.

Bei Jutta, von der bereits im dritten Kapitel berichtet wurde, drehte sich der eheliche Konflikt beständig um das Thema Eifersucht und Kontrolle. Die 41jährige Frau war wegen chronischer Eileiterentzündungen ins Krankenhaus gekommen. Auch wegen einer Magenschleimhautentzündung und wegen Gallensteinen wurde sie dort behandelt. Über ihre Ehe erzählte Jutta:

»Mein Mann wird leicht eifersüchtig und hat auch schon gedroht, er werde sich umbringen, wenn ich ihn verließe. Ich fühle mich in dieser Ehe seit Jahren wie im Gefängnis. Wenn ich lustig sein will, wird mein Mann sauer. Ich habe gelernt, mich vor ihm zu verstellen, und behalte jetzt eben meine Geheimnisse für mich.«
Der Konflikt in Juttas Ehe hatte sich bald nach der Heirat zu einem Teufelskreis entwickelt: Die Eifersucht des Mannes und sein Bedürfnis, Jutta zu kontrollieren, hatten diese in ihrer trotzigen Haltung bestärkt und sie veranlaßt, eine Art Doppelleben zu führen. Dieses Verhalten von Jutta nährte wiederum die Eifersucht und Kontrolle ihres Mannes.

Nachdem sich dieser Teufelskreis über Jahre hinweg eingespielt hat, kennt jeder die wunden Punkte des anderen, kann Reizworte schon automatisch in die Diskussion werfen und die Antwort des anderen vorhersagen.
Dieses Wissen erlaubt jedem der Partner bei inneren Spannungen, bei eigener Unzufriedenheit oder aus anderen, mitunter nichtigen Anlässen und Launen das entsprechende Stichwort fallen zu lassen und damit die Schraube der gegenseitigen Vorwürfe noch um eine weitere Umdrehung fester zu drehen. Solch ein Dauerthema kann in einer Beziehung von anderen (möglicherweise riskanteren) Themen ablenken. Auch vereinigt ein so zentraler Konflikt eine Menge Energie und Potential für andere Ehekrisen auf sich. Ein weiterer »Vorteil« eines solchen zentralen Konfliktthemas ist schließlich, daß es die Partner fester miteinander bindet. Wie die Boxer, die sich bei ihrem Kampf im Clinch ineinander verharkt haben, kommen gerade Eheleute, die in einem solchen Teufelskreis über ein Thema stehen, kaum voneinander los.
Auch Jutta hatte sich mit ihrem Mann im Streit um Kontrolle oder Freiheit festgefahren. Beide litten unter der gegenseitigen Abhängigkeit und Verstrickung, konnten sich aber nicht selbst daraus befreien. Keiner konnte über seinen Schatten springen und einen neuen Anfang versuchen.
»Kollusion« nennt der Züricher Paartherapeut Jürg Willi diese

Verstrickung eines Paares in ein Zusammenspiel mit verteilten Rollen. Zu den typischen Grundthemen, auf denen sich Kollusionen entwickeln, gehören: Depression und aufmunternde Bemutterung, Kontrolle und Freiheitsdrang, Bewunderung und Enttäuschung.
Jeweils eines dieser Grundthemen bestimmt bereits die Partnerwahl, in die von beiden Seiten viele unbewußte Erwartungen und stille Hoffnungen eingebracht werden.

So entbrannte Juttas eigener Konflikt beispielsweise in ihr selbst zwischen ihrem Bedürfnis nach Sicherheit und Abhängigkeit einerseits und ihren Impulsen, auszubrechen und Abenteuer zu erleben, andererseits. Jutta suchte Abhängigkeit und lief dann wieder aus ihr davon – für viele Menschen ein zentrales Dilemma in ihrer Partnerbeziehung.
Ihr lange Zeit unbewußter Wunsch nach Befreiung und unbeschwertem Leben machte Jutta selbst Angst, und so schien die Bindung an einen ruhigen, zuverlässigen Mann ihr Festigkeit und Schutz vor den eigenen wilden Wünschen zu versprechen. Mit den Jahren wurde Jutta diese Abhängigkeit aber doch zu eng, und die lang über viele Jahre unterdrückten Impulse nach Freiheit und aufregenden Erlebnissen forderten ihr Recht. Dies war Juttas Anteil an der Krise, die sich auf der Basis des ehelichen Themas »Kontrolle und Freiheitsdrang« entwickelte.
Doch auch ihr Ehemann hatte Anteil an dieser Verschärfung. Ihm war es nie möglich gewesen, seine eigenen spontanen Regungen leben zu lassen – seine unbewußte Erwartung bei der Entscheidung für die Ehe mit Jutta war gewesen, durch einen lebendigen Partner selbst freier zu werden. Unbewußt hatte er sich erhofft, durch Jutta stellvertretend für sich selbst Lebensfreude oder gar Wildheit ausleben zu lassen. Aber auch er konnte diese Erwartungen nicht durchhalten. Sein Bedürfnis nach Sicherheit und Abhängigkeit behielt die Oberhand und äußerte sich in Eifersucht. Letztlich wurde er seine Angst vor der Freiheit nicht los und suchte nun Schutz in Anklammerung und Kontrolle.

Jutta und ihr Ehemann standen also bereits vor ihrer Ehe vor dem gleichen Grundkonflikt: Sicherheit oder Risiko, Abhängigkeit oder Freiheit. Aus diesem »gemeinsamen Unbewußten« heraus entstand die Intention, diese bestehende Problematik durch die Wahl eines bestimmten Ehepartners miteinander zu bewältigen.

In der Ehe polarisierte sich diese Beziehung dann aber zusehends. Ein Teufelskreis entwickelte sich dadurch, daß jeder nun nur noch einen Pol des zugrundeliegenden Zwiespaltes auslebte: Jutta die Suche nach Freiheit und Abenteuer, ihr Mann die Kontrolle und Eifersucht. Jeder der beiden fand im Verhalten des anderen eine Rechtfertigung für sein eigenes Handeln. Jutta meinte: »Seht her, mein Mann ist so kontrollierend, daß ich meine Geheimnisse haben muß!« Ihr Mann meinte dagegen im selben überzeugten Ton: »Ich kann ihr nicht vertrauen; sie macht so vieles hinter meinem Rücken.«

Fachleute nennen dies eine »zirkuläre Interaktion«: ein ewiger Kreislauf, bei dem das eigene Verhalten mit dem des Partners begründet und gerechtfertigt wird. Statt im Sinne der Hauptthese dieses Buches Verantwortung für das eigene Handeln zu übernehmen, wird der Partner verantwortlich gemacht. Beide suchen die Ursache beim anderen, statt sich bewußt zu werden, wie das eigene Verhalten beim Partner wohl wirkt.
Auch in der Beziehung zwischen Arthur und Hedda hat sich eine »Kollusion« entwickelt, allerdings nicht mit dem Grundkonflikt »Freiheit oder Kontrolle« sondern mit dem Thema »Depression und Versorgung«: Arthur (32 Jahre) und Hedda (30 Jahre) waren nicht verheiratet, lebten aber seit fünf Jahren zusammen. Beide waren beim selben Versicherungsunternehmen als Sachbearbeiter angestellt und hatten sich dort kennengelernt. Hedda berichtet:

»Als ich bei der Versicherung meine Arbeit begann, fiel mir Arthur unter den Kollegen gleich auf. Er war so anders, so in sich gekehrt und irgendwie rätselhaft, aber freundlich. Wir unterhielten uns ganz gut, und da lud ich ihn eines Tages zu mir ein. Er erzählte mir von seinen Problemen, und ich war eine ganz gute Zuhörerin. Irgendwie schien er mich zu brauchen. Mir tat das gut.«
Arthur erinnert sich ebenfalls an ihre erste Begegnung: »Hedda machte so einen frischen, lebensfrohen Eindruck auf mich. Mein Leben kam mir dagegen grau und voller Probleme vor. Ich ließ mich gerne von ihr versorgen und dachte damals ›Die bringt Dich aus dem Tal‹.«
Die Erwartung der beiden, daß Arthur mit Heddas Hilfe aufblühen und ein froher Mensch werden würde, erfüllte sich nicht. Im Gegenteil: In diesem Motiv zur Partnerwahl lag bereits der Kern des Partnerkonflikts. Je munterer und ausgeglichener Hedda war, um so grüblerischer wurde Arthur. Je mehr Arthur sich zurückziehen wollte, um so engagierter versuchte Hedda ihn mitzureißen und zu gemeinsamen Unter-

nehmungen zu animieren. Je mehr sie aufräumte, putzte, kochte, um so nachlässiger und fauler wurde er.
Im Teufelskreis gegenseitiger Beschuldigungen und Rechtfertigungen hieß Heddas Begründung: »Wenn ich nicht so viel täte, würde Arthur ja ganz versauern.« Und Arthur meinte: »Ihr Frohsinn und ihre Energie machen mich nur noch mehr fertig.«

Um diese »zirkuläre Interaktion« zu durchbrechen, müssen die Partner lernen, nicht nach der *Ursache* des eigenen Handelns zu suchen (und zwar beim Partner), sondern sich der *Wirkung* des eigenen Verhaltens auf den Partner bewußt werden.
Meines Erachtens kann solch ein Umdenken für jede zwischenmenschliche Beziehung hilfreich und nützlich sein. Überall wird eine wohltuend entkrampfende Wirkung spürbar, wo mit gegenseitigen Vorwürfen Schluß gemacht wird. Statt der altvertrauten Retourkutschen versucht jeder, sich in den Partner einzufühlen und darüber nachzudenken, wie das eigene Reden und Handeln beim anderen angekommen sein muß. Jeder übernimmt so Verantwortung für sich und sein Verhalten.

Auch Ärger und Streitereien blieben nicht aus. Hedda regte sich über Arthurs Trägheit auf, und Arthur fühlte sich von Heddas Vorschlägen und Aktivitäten genervt. Jeder unterstellte dem anderen, sein Verhalten sei demonstrativ gemeint und diene bloß der Erpressung.
Der persönliche Konflikt, den beide mit in die Beziehung gebracht hatten, war derselbe: sich passiv hängen lassen oder aber aktiv für den anderen dasein. Es war der Konflikt zwischen kindlicher Abhängigkeit (für alles ist gesorgt) und mütterlicher Fürsorge (für alles sorgen müssen).
Arthur hatte schon vor der Begegnung mit Hedda die passiv-abhängige Haltung eingenommen und sich durch die Partnerin Motivierung zu mehr Selbständigkeit und Initiative erhofft. Hedda dagegen hatte immer nur ihre aktiv sorgende Seite ausgelebt und in Arthur eine passende Ergänzung gefunden. In der Beziehung konnte aber keiner der beiden aus seiner alten Haltung heraus, vielmehr polarisierte sich der Konflikt zunehmend: Hedda wurde immer aktiver und mütterlicher, Arthur immer passiver und abhängiger. Hedda kümmerte sich um Haushalt, Verwandte, Einkäufe, Freunde, Auto, Beruf – Arthur war oft krank, depressiv verstimmt, verträumt und voller Selbstmitleid.

Weil beide Partner einander zur Vervollständigung brauchen, können solche Beziehungen trotz aller Schmerzen und Spannungen, die sie mit sich bringen, sehr lange halten. Kommt es dann doch zu einer Trennung, so finden die beiden dann oft schnell wieder einen neuen Partner, der die Rolle des alten zu übernehmen bereit ist. Damit ist der Teufelskreis im Grunde nicht aufgelöst, sondern setzt sich mit dem neuen Partner weiter fort.

Derartige Teufelskreise können aufgebrochen werden, wenn beide Partner sich ihrer unbewußten und unausgesprochenen Erwartungen an die Beziehung bewußt werden und diese zum Ausdruck bringen. Zunächst einmal mußte auch Hedda ihre eigenen Bedürfnisse nach Passivität und Sich-fallen-lassen empfinden können und Arthur seine eigenen aktiven Impulse erleben. Für Jutta und ihren Mann waren ganz ähnliche Schritte für eine Lösung aus dem Teufelskreis notwendig.

Wir gehen alle mit dreierlei Erwartungen, Hoffnungen und Wünschen aber auch Befürchtungen in eine menschliche Begegnung und vor allem in eine partnerschaftliche Beziehung hinein:

Erstens haben wir Erwartungen, die uns bewußt sind und die wir dem Partner gegenüber zum Ausdruck bringen.

Zweitens sind uns manche Erwartungen zwar bewußt; wir verbergen sie aber dem Partner gegenüber, so daß sie nur ungewollt (durch Versprecher, Unterlassungen usw.) ans Tageslicht kommen.

Drittens gibt es schließlich Erwartungen an den Partner und die Beziehung, die uns selbst nicht bewußt sind. Sie gehören sozusagen zu unserem »Schatten« (siehe Kapitel 2). Ausgedrückt werden sie gelegentlich in Impulsen und Handlungen, über die wir selbst überrascht sind. Über ein bissiges Wort, das uns ungewollt herausrutscht, oder eine Verwechslung, die uns passiert, sagen wir dann: »Das bin ich doch nicht gewesen« – als habe jemand anderes gehandelt. Sigmund Freud hat in seiner »Psychopathologie des Alltagslebens« eine Fülle solcher Blitzlichter des Unbewußten gesammelt.

Jeder Beziehung nützt es, über die unausgesprochenen Erwartungen zu reden. Dazu ist natürlich eine vertrauensvolle Atmosphäre nötig, was auch im Ehealltag nicht bei allen Paaren selbstverständlich ist. Hilfreich kann hier die neutrale, sichere Umgebung sein, die zum Beispiel eine Psychotherapie oder eine Gesprächsgruppe für Paare bietet. Die Erfahrung, ausreden zu können, einen dritten, unabhängigen Teilnehmer dabei zu haben, und der stimulierende Einfluß eines neuen Anfangs und gegenseitige Beispiele können diese Selbstöffnung erleichtern.
Prinzipiell schwerer zugänglich sind natürlich jene Impulse und Erwartungen, die uns selbst nicht bewußt sind. Wie schon im zweiten Kapitel dargestellt, können kreative Medien, Meditation oder Körpererfahrungen uns Zugänge in dieses Schattenland öffnen. Auch Verhaltensweisen, die uns an anderen besonders stören und ärgern, sind wichtige Fingerzeige auf unbewußte Kräfte. In der Psychoanalyse hilft vor allem die Methode der freien Assoziation, um Unbewußtes bewußt werden zu lassen: Der Patient soll unzensiert alles sagen, was ihm in den Sinn kommt.
Im Rahmen eines Buches sind die Möglichkeiten, ins Reich des Unbewußten vorzudringen, naturgemäß sehr begrenzt. Einen ersten Schritt erlauben uns jedoch Übungen wie die Satzergänzungen, die Sie bereits kennengelernt haben. Diese Übung ist der »freien Assoziation« nachempfunden: Möglichst frei und spontan soll ein unvollständiger Satz mit dem allerersten Wort ergänzt werden, das einem beim Lesen einfällt.

▸ Von der folgenden Übung profitieren Sie am meisten, wenn Sie sie mit Ihrem Partner gemeinsam machen. Dabei ergänzt jeder den ersten Satz im Stillen. Danach spricht jeder den vollständigen Satz laut zum Partner aus. Anschließend können Sie diese Sätze miteinander diskutieren – einige Minuten lang. Dann nehmen Sie sich den nächsten Satzanfang vor, ergänzen ihn zunächst jeder im Stillen für sich, sprechen ihn aus und bereden Ihre Ergebnisse.

Hier nun Vorschläge für Sätze zur Ergänzung:

Ich weiche Dir aus, indem ich ...
Wenn ich Dir sagen würde, was ich jetzt empfinde ...
Ich habe Dich in der Hand durch ...
Ich könnte Dir einen Schreck einjagen ...
Ich halte Dich mir vom Leibe, indem ich ...
Ich möchte Dir einen Gefallen tun, indem ich ...
Mich regt Dein ... auf.
Ich vermeide ...
Wenn mir die Galle überläuft, deinetwegen ...
Es ist mir klar, daß ...
Ich weigere mich, hinzunehmen, daß ...

Sie werden festgestellt haben, wie schwierig diese Übung ist. Weil wir verlernt haben, spontan zu sein, fällt sie uns so schwer. Eine innere Zensur filtert Unangenehmes, Ängstigendes und Gefährliches heraus. Vieles, was wir ausdrücken, stellen wir wenig später schon wieder in Frage. Typisch dafür sind die vielen »Ja, aber«-Sätze, die wir verwenden. Wir äußern dabei Zustimmung zu einer Ansicht, die wir aber noch im selben Satz schon wieder zurücknehmen.
Schwierig ist diese Übung schließlich auch, weil wir uns gerade in heiklen Fragen vor klaren Aussagen gegenüber unserem Partner drücken möchten. Wenn wir ehrlich sind, gestehen wir uns auch hier den Filter ein, den wir zwischen unsere spontanen Einfälle und unsere Aussagen gegenüber dem anderen geschaltet haben. Dafür ist diese Übung mit den Satzergänzungen ein gutes Beispiel.

► Die Zwiespältigkeit, die in manchen Bereichen einer Beziehung herrscht, wird mit einem kleinen Experiment deutlicher: Nehmen Sie sich noch einmal das Material der letzten Übung vor. Bilden Sie daraus Sätze über Ihre Partnerschaft, die mit »Einerseits ...« beginnen. Anschließend finden Sie bitte dazu ein entsprechendes »Andererseits ...«.

Ein Beispiel: »Einerseits vermeide ich, mit Dir über Dein Gewicht zu reden – andererseits rede ich mit anderen Leuten öfters darüber.«
Ein zweites Beispiel: »Einerseits regt mich Deine penetrante Fröhlichkeit auf – andererseits beneide ich Dich auch darum.«
Bilden Sie nun selbst einige Einerseits-Sätze und ergänzen Sie das entsprechende Andererseits.
Nehmen Sie sich hier einige Minuten Zeit, um über Ihre Erfahrungen nachzudenken.

Können Sie erleben, wie zwiespältig vieles in Ihrer Partnerschaft für Sie sein kann? Manche Strebungen in uns sind so ambivalent, daß wir weder vor noch zurück können und steckenbleiben: Zu jedem Wunsch und jedem Gefühlsausdruck wird sofort ein Gegenwunsch mobilisiert und die Gefühlsbremse angezogen.
So können wir verstehen, warum es gerade in den entscheidenden, den heiklen Themen einer Beziehung für uns so schwierig ist, Stellung zu beziehen. Manchmal geben wir vor, den Partner mit Samthandschuhen anfassen zu müssen – dabei wollen wir uns nur selber schonen.
Es ist jedoch allemal produktiver und ehrlicher, diese Ambivalenzen anzuerkennen, als sie zu verleugnen. Jutta und ihr Ehemann hatten ebenso wie Hedda und Arthur den eigenen inneren Zwiespalt verdrängt. Daraufhin hatte sich in ihrer Beziehung die beschriebene Polarisierung entwickelt und sich in einem Teufelskreis festgefahren. Nun ging es darum, die inneren Konflikte der Partner erfahrbar zu machen, indem sie ihre eigenen mißachteten Anteile wahrzunehmen lernten. Dadurch wurde der Partnerkonflikt lösbar.
Wem die eigene Zwiespältigkeit im Sinne des Einerseits-Andererseits bewußt geworden ist, der kann seinem Partner nicht mehr allein die Verantwortung für Konflikte in der Beziehung aufbürden.
Diese Ambivalenz zu bestimmten Fragen der Partnerschaft ist eine der Ursachen für unklare und widersprüchliche Stellungnahmen in einer Beziehung. Solche »doppeldeutigen Botschaften«

kommen dadurch zustande, daß auf einer Mitteilungsebene eine bestimmte Aussage gemacht wird, der gleichzeitig eine andere Mitteilung auf einer anderen Ebene genau widerspricht. So spricht ein Mensch zum Beispiel mit lachendem Gesicht über seine Traurigkeit und seine Depressionen, erklärt eine Frau ihrem Mann, wie sehr sie ihn noch immer liebe – und lehnt sich dabei im Sessel zurück, verschränkt die Arme vor der Brust und rührt ansonsten keine Miene.

Wer solche, in sich widersprüchlichen Aussagen macht, wer sich im Nebensatz für das entschuldigt, was er im Hauptsatz gesagt hat, kann keine Verantwortung für sein Reden und Handeln übernehmen. Die Ursache dafür liegt zumeist in einem Mangel an Selbstwertgefühl und in vielerlei Ängsten: der Angst, die Gefühle des anderen zu verletzen, der Angst vor Zurückweisung seiner Wünsche, der Angst vor Vergeltung. Manch einer, der sich so widersprüchlich äußert, mag sich auch nicht aufdrängen, oder aber er stuft den Partner als unbedeutend ein.

Verantwortung kann also nur derjenige übernehmen, der zu sich selbst stehen kann und seine Selbstunsicherheit und seine Ängste überwinden lernt. Dann kann er auf doppeldeutige Botschaften verzichten und klar sagen, was er will oder nicht will.

Eine weitere Strategie, um sich vor Klarheit und Verantwortung in der Beziehung zu drücken, kennen wir fast alle von uns selbst und von unserem Partner. »Negative Beeinflussung« möchte ich diese Strategie nennen, die mit allerlei Druckmitteln arbeitet: Wir beeinflussen den Partner »negativ«, indem wir kritisieren und nörgeln, indem wir ihm ein schlechtes Gewissen machen oder ihm Schuldgefühle einreden. Wir üben Druck und Zwang gegen diejenigen Verhaltensweisen des Partners aus, die uns nicht passen, statt ihm positiv zu sagen, was wir wollen.

Oft erscheint es uns mühsamer und riskanter, den anderen zu bitten, uns etwas von ihm zu wünschen oder ihn zu jenen Dingen zu verführen, die wir von ihm gern sähen. Dies wäre die »positive Beeinflussung«: Statt an seinen ausgebeulten Hosen herumzunörgeln, ihn zu einem Einkaufsbummel einzuladen; statt ihr wegen ihrer abendlichen Freßanfälle Vorhaltungen zu machen, sie öfters ins Kino oder Theater auszuführen.

Jeder Mensch geht lieber auf eine ehrliche Bitte und einen ernsthaften Wunsch ein, als auf Kritik und Nörgelei – zumal wenn der Wunsch vom Lebenspartner kommt. Auch gegen einen kleinen Handel ist nichts einzuwenden: Statt einander Vorwürfe zu machen – einander Wünsche erfüllen. Er kauft sich neue Hosen, und sie ißt abends keine Süßigkeiten mehr. Er geht abends seltener in die Kneipe, und sie begleitet ihn dafür auf den Fußballplatz.

Positiv zu sagen, was ich will, bedeutet allerdings ein Risiko – Kritisieren ist leichter. Wünsche können mir abgeschlagen werden. Auch muß ich etwas von mir offenbaren, oder ich fürchte mich davor, durch meine Bitte unter Umständen erpreßbar zu werden. Nur wenn wir diese Ängste überwinden und ein Risiko eingehen, können wir mit unseren Mitmenschen auf eine positive Basis kommen – und müßte das nicht mit unserem Lebenspartner am ehesten möglich und zugleich am wichtigsten sein?

Wir können es einander leichter machen, dieses Risiko einzugehen. Wenn wir uns gegenseitig in unserem Selbstwertgefühl bestärken und uns Mut machen, zu uns selbst zu stehen, fällt auch »positive Beeinflussung« leichter: Wir trauen uns, einen Wunsch oder eine Bitte auszusprechen. Wir riskieren, den Partner zu etwas zu verführen. Und wer läßt sich – auch sehenden Auges – nicht gern verführen?

Daß zwei Partner sich in vielerlei Hinsicht voneinander unterscheiden, ist für jeden selbstverständlich. Dennoch hängen viele Menschen der Illusion nach, der Partner müsse eigentlich ebenso denken, fühlen und handeln wie man selbst. Er müsse die gleichen Vorlieben und Abneigungen haben, die selben Menschen sympathisch oder unmöglich finden.

Dieser Irrglaube der Harmonie durch Identität ist eine häufige Ursache von Streitigkeiten und Mißverständnissen zwischen Partnern. Darum ist es so ungemein hilfreich und befreiend, sich der Unterschiede bewußt zu werden und sich darin auch zu akzeptieren. Fünfzehn, zwanzig oder fünfundzwanzig Lebensjahre lang haben die Partner ja bereits Erfahrungen gesammelt, ehe sie einander begegnet sind. Die Herkunftsfamilien der beiden üben nicht nur in ökonomischer Hinsicht, sondern auch durch ihre Umgangsformen, Familienmythen, Wertvorstellungen usw. eine starke prägende Kraft aus. Außerdem haben Schule, Freundeskreis, Beruf, Literatur, Reisen usw. zwei Partner noch vor ihrer Begegnung in ganz unterschiedlicher Weise geformt. Schließlich sind auch Unterschiede im Temperament – gleichgültig, ob angeboren oder in früher Kindheit erworben – im Alltag zu jeder Stunde vielfältig wirksam. Bevor der gemeinsame Lebensweg beginnt, hat jeder der Partner also bereits eine ziemliche Strecke Wegs hinter sich gebracht, Höhen und Tiefen durchschritten und sich dabei dicke Hornhaut und so manche Blase an den Füßen geholt. Jeder der beiden geht also mit seinem eigenen Bündel auf die gemeinsame Reise.

Gerade die unterschiedlichen Herkunftsfamilien der Partner werden oft zu einem bleibenden Streitpunkt. Wenige Menschen können es letztlich verwinden, wenn sie sich in der Familie des Partners nicht ebenbürtig aufgenommen fühlen. Mangelnde Anerkennung (ob tatsächlich vorhanden oder nur vermutet) kann ein bleibender Stachel im Fleisch werden.

Bei Eva, der kämpferischen Frau, die nicht loslassen konnte, war dies der Auslöser für eigene Überforderung und verbissene Unterwerfung unter eine ganz bestimmte Familienideologie.

Mit dem entsprechenden Stichwort (über Verwandte oder Freunde des anderen) können Partner fast zu jedem beliebigen Zeitpunkt bestimmte alte Themen wieder aufs Tapet bringen. Damit wird eine neue Runde im endlosen Kampf um Recht und Wahrheit eingeläutet. Dabei geht viel Energie verloren, ohne daß sich etwas bewegt. Schließlich erlahmen die Kräfte der Streithähne, und sie gehen (sofern die Bindung aneinander stark genug war) wieder zur Tagesordnung über. Bis zum nächsten Mal.

Eine wirkliche Veränderung und damit »Lösung« eines solchen Dauerkonflikts gelingt aber dann, wenn die Partner, statt immerzu das alte Spiel zu spielen, einmal miteinander *über* dieses Spiel sprechen. Von der Ebene des Konfliktes steigen sie dann sozusagen eine Ebene höher und betrachten von oben ihr eigenes Treiben. Aus diesem Abstand können Sie das Spiel viel besser als das *Spiel* erkennen, das zu nichts führt. Sie finden dann gemeinsam die Regeln und sturen Positionen heraus, von denen aus sie gestritten haben. Der Abstand und vor allem der Blick von der höheren Warte erlaubt Humor. Beide lachen miteinander über den Ernst, mit dem sie zuvor so lange debattiert haben.

Daß es ganz typische »Spiele« gibt, die in vielen Partnerschaften und Familien in ähnlicher Form gespielt werden, war eine der erhellenden Entdeckungen von Eric Berne. Der Begründer der Transaktionsanalyse beschreibt mit dem nötigen Humor solche Spiele als häufig wiederkehrende Situationen, in denen Menschen miteinander praktisch vorgefertigte Sätze austauschen und ganz typische Positionen beziehen. In der Ehe fand Berne zum Beispiel folgende Spiele: »Wenn Du nicht wärst«, »Gerichtssaal«, »Überlastet«, »Frigide Frau« oder »Zwickmühle«. (Wer neugierig geworden ist, kann in Bernes Buch »Spiele der Erwachsenen« Näheres nachlesen.)

Spiele können aufgelöst und verstanden werden, was sie schließlich überflüssig macht – es sei denn, man möchte aus Spaß und in ironischer Selbstdistanz weiterspielen. Eine Auflösung des Spiels gelingt, wenn die Beteiligten auf die beschriebene »höhere Ebene« steigen und etwas auf Distanz gehen. Manchmal genügt es aber nicht, nur über die Spiele zu sprechen. Oft werden dann schnell nur die alten Standpunkte wiederholt. Man bleibt an der Oberfläche.

Neue Einsichten und insbesondere die unbewußten Kräfte treten meist erst dann zutage, wenn sich die Partner neu füreinander öffnen. Zu diesem Zweck können sie sich zum Beispiel einmal meditativ aufeinander konzentrieren oder miteinander kreativ tätig sein.

Im Alltag drehen sich eheliche Debatten meist um bestimmte Themen: sein Alkoholkonsum, ihre Mutter, seine Manieren, ihre Knausrigkeit. Um nicht wieder in dieses alte Fahrwasser zu geraten, sind abwegige Wege die besten Wege. Statt in einer Diskussion über ein Sachthema eben immer nur indirekt (nämlich *über* dieses Thema) in Kontakt zu treten, kann es mit Hilfe von Musik, Meditation, Malen ja sogar beim gemeinsamen Sport gelingen, auf ganz neue Art unmittelbar zueinander in Beziehung zu kommen.

▶ Ein konkreter Vorschlag für Sie wäre, jetzt zum Beispiel einen großen Bogen Papier und alle verfügbaren Farben herbeizuholen und zusammen ein »Stimmungsbild« zu malen – Fingerfarben haben sich dafür besonders bewährt.
Sie können aber auch Gegenstände zum Trommeln zusammensuchen und miteinander, im Wechsel, gegeneinander, füreinander trommeln. Versuchen Sie es einmal mit anderen Musikinstrumenten oder erfinden Sie sich selbst Instrumente, die Töne von sich geben.
Wenn Sie miteinander Tennis spielen oder schwimmen, beziehen Sie doch einfach einmal jeden Schlag, jeden Schwimmstoß auf Ihren Partner und antworten Sie sich gegenseitig auf diese Weise.
Erfinden Sie zusammen ein Märchen: Jeder erzählt abwechselnd einen Satz.
Nehmen Sie bei all diesen Übungen wahr, wie sie aufeinander eingehen. Beobachten Sie, wie Sie einander antworten, wer die Führung übernimmt und wo der Kontakt zueinander abreißt . . .
So steht Ihnen eine Fülle neuer Erfahrungsmöglichkeiten abseits der alten, ausgetretenen Pfade offen. Es genügt, wach und aufmerksam zu sein, sich auf Neues einzulassen und sich darüber auszutauschen.

Setzen Sie sich dabei unter keinen Leistungsdruck, nehmen Sie die Übungen als Spiel. Vielleicht aber werden für Sie so auch die großen Themen, die für eine Lebensgemeinschaft Bedeutung haben, erfahrbar und greifbar: Themen wie Kampf, Freiheit und Eigenverantwortlichkeit, deren Kräfte im Zusammenleben zweier Menschen wir bereits kennengelernt haben. Auch Themen wie Leid, Schuld, Gnade und Vergebung, die in jedes Menschenleben einfließen und darum auch in jeder Partnerschaft zum Ausdruck kommen.

Auch wer mit großen Hoffnungen und Idealen antritt, wird die Erfahrung machen müssen, daß selbst mit bestem Willen und großer gemeinsamer Anstrengung nicht alles in einer Zweierbeziehung machbar und erreichbar ist. Überfordern wir uns nicht selbst, nehmen wir uns nicht zu viel vor!

Ein Geheimnis für den Seelenfrieden ist auch, Dinge, die wir nicht ändern können, anzunehmen. Verzichten und Verzeihen sind oft produktiver und bauen mehr Bindung auf als hochgehaltene Ansprüche und erstarrte Erwartungen.

Eine »gesunde« Partnerschaft bleibt in Bewegung. Sie dreht sich aber nicht durch die dauernde Wiederholung der alten »Spiele« im Kreise, sondern entwickelt sich weiter. Bereits durch das gemeinsame Älterwerden ergeben sich natürliche Stadien, die eine Zweierbeziehung durchläuft. Hier sind immerzu neue Erfahrungen und Einsichten möglich und auch nötig.

In einem System, wie eine Partnerschaft oder eine Familie sie bilden, sind alle Teile aufeinander bezogen und bedingen einander. Darum kann sich kein Teil des Systems verändern, ohne daß sich alle anderen Teile dieses Systems mitverändern. Auch wenn es deshalb manchmal den Partnern nicht gefällt, wenn sich der andere verändert, beinhaltet diese gegenseitige Bezogenheit doch auch eine große Chance für gemeinsame Lernprozesse.

Der große Reichtum menschlicher Beziehungen (und, wie wir gesehen haben, auch eine Gefahr) liegt in diesem Wechselspiel von Aktion des einen, Reaktion des anderen und wieder Reaktion des ersten usw. Die erfolgreiche Gewichtskontrolle der Ehefrau kann ihrem Mann den Anstoß geben, selbst mehr für seinen Körper und seine Gesundheit zu tun – sie kann ihn aber auch verunsichern und aggressiver machen, sodaß er die Bemühungen seiner Frau zu hintertreiben beginnt. Beide können sich also gegenseitig behindern, aber auch miteinander wachsen.

Hedda kann sich an der Passivität und Zurückgezogenheit von Arthur ein Beispiel nehmen und sich selbst einmal hängen lassen

– sie kann dagegen aber auch weiter ankämpfen und sich an Arthur die Zähne ausbeißen. Es ist ihre Entscheidung.

Wie kaum in einem anderen Lebensbereich werden in einer Partnerschaft die beiden Leitsätze wirksam, die diesem Buch voranstehen:

- *Zu mir stehen und mich akzeptieren, wie ich bin.* Denn das »Liebe Deinen Nächsten wie Dich selbst« gelingt nur dem, der sich tatsächlich selbst annimmt. Dies ist die Basis für eine gegenseitig bereichernde Beziehung. Denn wer den anderen zur eigenen Selbstbestätigung und als Ich-Stütze braucht (wie zum Beispiel Helga, die Anwaltsgehilfin), scheitert in der Zweierbeziehung. Wenn ich mich aber so annehme, wie ich bin, brauche ich mein Inneres weder vor mir selbst noch vor anderen zu verbergen. Und weil ich mich auch in meinen unliebsamen und dunklen Anteilen akzeptiere, kann ich eben auch den Partner mit seinen Schatten-Seiten lieben.
- *Verantwortung für mich und mein Handeln übernehmen!* Nur so wird der Teufelskreis gegenseitiger Vorwürfe und Rechtfertigungen aufgebrochen oder kann erst gar nicht in Gang kommen.

10 Kinder und Eltern: Wie die Alten sungen ...

Selbstachtung und Eigenverantwortlichkeit kann man lernen. Es ist die zentrale Aufgabe von Eltern und überhaupt von allen, die mit Kindern und Jugendlichen zu tun haben, diese beiden Fundamente seelischer und sozialer Gesundheit zu legen und zu festigen.
Vier Beispiele verschiedener Erziehungsstile zeigen, wie Eltern an dieser Aufgabe scheitern können:

- Bei den Adams werden die Kinder verwöhnt. Sie werden gehätschelt und getätschelt, liebkost und fast täglich mit kleinen Geschenken oder Süßigkeiten bedacht. Die Mutter nimmt sich viel Zeit für ihre Kinder und erfüllt ihnen gern alle Wünsche, aber sie will sie auch immer genau im Auge behalten. Abends muß der 9jährige Albert pünktlich um 18 Uhr zu Hause sein. Wenn er sich auch nur um 5 Minuten verspätet, herrscht große Aufregung im Hause Adam. Nur ungern läßt Frau Adam ihre Kinder ohne Aufsicht in ihren Zimmern allein spielen. Besuche bei Nachbarskindern sind Frau Adam nicht geheuer. In solchen Fällen pflegt sie öfters bei der Nachbarin anzurufen und sich nach ihren beiden Kindern zu erkundigen. Schon vor dem vereinbarten Zeitpunkt will sie sie dann oft wieder abholen.
- Auch bei Familie Burg herrschen Zucht und Ordnung, aber die Kinder werden hier härter angefaßt. Wenn Sohn Berthold einmal einige Minuten zu spät nach Hause kommt, prägen nicht Aufregung und Angst die Atmosphäre, sondern Drohung und Strafe schweben über dem Sünder. Die Kinder der Burgs werden kurz gehalten. Über die Ängste der 6jährigen Bianca vor Hunden und vor Gewitter macht sich die ganze Familie gern lustig. Berthold bekommt dafür oft Ermahnungen zu hören, er solle ruhiger sein und sich zusammenreißen.

- Die Eltern Claas nehmen dagegen wenig Notiz davon, wenn ihre Kinder spät nach Hause kommen. Man sieht sich sowieso kaum, denn außer ihren Berufen gehen die Eltern auch noch vielfältigen Hobbies nach. Wenn Cornelius zum Beispiel seinen Vater bittet, mit ihm das Fahrrad zu reparieren, drückt dieser ihm lieber 50 Mark in die Hand und schickt ihn in eine Werkstatt. Auch andere Wünsche der Kinder werden oft vergessen oder hintangestellt. Dafür lernen Cornelius und Claudia früh, auf eigenen Beinen zu stehen und ihre eigenen Wege zu gehen.
- Die Diehls, unser viertes Beispiel, sind eine »ideale Familie« (die es bekanntlich gar nicht gibt). Bei der Fahrradreparatur gibt Vater Diehl seinem Sohn gern Tips oder packt bei schwierigen Montagen auch mal selbst mit an. Wenn Dieter sich einige Minuten verspätet, muß er zwar schon einmal mit dem vorliebnehmen, was beim Essen übrig geblieben ist, aber er wird weder mit Vorwürfen noch mit Drohungen überschüttet. Die Diehls schmusen gerne mit ihren Kindern, und sie nehmen sie in Schutz, wenn sie Angst haben, aber die Kinder wissen auch, daß nicht alle ihre Wünsche erfüllt werden können.

Diese Beispiele veranschaulichen vier Erziehungsstile, wie sie von Wissenschaftlern in einem Koordinatenkreuz eingeordnet werden. Dabei werden die Erziehungsstile anhand der Dimensionen »Zuneigung gegenüber Ablehnung« und »Autonomie gegenüber Kontrolle« miteinander verglichen, wie es die Abbildung auf Seite 126 zeigt.
Lediglich die Kinder der Diehls haben die Chance, sowohl Selbstachtung als auch Eigenverantwortlichkeit zu entwickeln. Die Kinder der Familien Adam, Burg und Claas werden dies vielleicht auch eines Tages, zum Beispiel in Schule, Jugendgruppe, Freundeskreis oder bei Verwandten, nachholen, aber von ihren Eltern dafür wenig mitbekommen.
Die Zuneigung der Eltern ist die Basis für die Liebe zu sich selbst. Die Autonomie, die die Eltern gewähren, begründet Eigenverantwortlichkeit. So wollen die Eltern Diehl zum Beispiel ihren Kindern nicht die Konsequenzen ihres Handelns abnehmen.

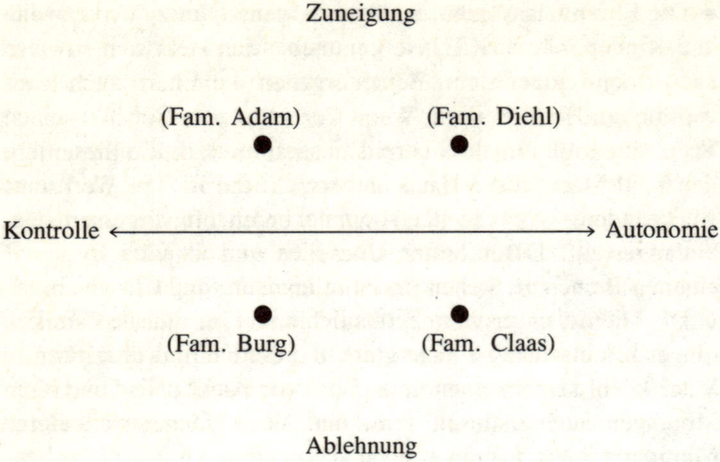

Wenn Dieter also zu spät zum Abendessen kommt, kann seine Lieblingsquarkspeise vielleicht schon aufgegessen sein.

Die Grundlagen für Selbstverantwortung und Selbstachtung werden viel früher gelegt, als wir alle vermuten. Bedingungslose Liebe und Zuwendung auf der einen und klare Grenzen auf der anderen Seite sind schon im Säuglingsalter wirksam und prägen die Persönlichkeit des Kindes.

Die Eltern Adam, Burg und Claas verfehlen das Erziehungsziel (sofern sie es sich überhaupt gesetzt haben) aus unterschiedlichen Gründen. Wie könnte auch unter einem Übermaß an Kontrolle (Adam und Burg) ein reifer und mündiger Mensch heranwachsen? Wie kann ein Kind lernen, sich selbst zu steuern, wenn es durch zahlreiche äußere Kontrollen reglementiert wird? Es kann die Konsequenzen seiner eigenen Entscheidungen nie erfahren, weil es selbst nie entscheiden durfte.

Hier ist der überbehütende Erziehungsstil der Adams ebenso einengend wie der autoritäre Stil bei Familie Burg. Ihre Kinder werden unzureichend auf das Leben vorbereitet.

Daß Desinteresse und Ablehnung ein Kind verkümmern und in frühen Lebensmonaten sogar sterben lassen können, ist seit den vierziger Jahren durch die Beobachtungen von René Spitz in

Säuglingsheimen allgemein bekannt. In der Familie wirken Mißachtung und Feindseligkeit gegenüber dem Kind meist viel subtiler und zeigen sich mitunter erst nach Jahren in psychischen Störungen.
Im ersten Kapitel wurde bereits ausgeführt, daß die Eigenliebe des Kindes zunächst nur eine geborgte Liebe ist. Die Eltern und Erzieher müssen das Kind erst einmal bedingungslos annehmen, bis es nach und nach Selbstachtung entwickeln kann.
Emotionale Kühle wie in den Familien Burg und Claas verunsichert die Kinder in ihrer Persönlichkeit. Früh müssen sie sich einen Gefühlspanzer zulegen, um in diesem Klima überleben zu können. Ihre Lebenseinstellung wird von Angst, Neid und Konkurrenzdenken bestimmt sein, und sie werden sich anderen Menschen kaum öffnen können.
Scheinbar von Liebe überschüttet werden die Adamschen Kinder. Damit fordern und fördern die Eltern eine überstarke Bindung der Kinder an sie selbst. Hier mißlingt später die gegenseitige Ablösung, so daß häufig psychosomatische Störungen (zum Beispiel Asthma) entstehen. Noch als Erwachsene bleiben diese Kinder später in erster Linie die Kinder ihrer Eltern, statt zu eigenständigen Persönlichkeiten zu reifen. Es sind die Eltern, die diese Rollenverteilung nicht aufgeben können, wie das folgende Beispiel zeigt:

Die 70 Jahre alte Frau T. befindet sich zur Behandlung ihrer Herzbeschwerden seit 14 Tagen im Krankenhaus. Nun drängt sie nach Hause. Sie fühle sich schon wieder sehr gut, außerdem werde sie daheim gebraucht. Auch die Ärztin kann eine gewisse Besserung bei Frau T. feststellen, hält jedoch noch einige Genesungstage in der Klinik für nötig. Da Frau T. aber so ungeduldig drängt, wird sie mit dem Gebot, sich zu schonen, nach Hause entlassen.
Drei Tage später wird sie vom Notarzt erneut zur Aufnahme gebracht. Sie war zu Hause einige Male zusammengeklappt und muß nun mit Herz- und Atembeschwerden wieder das Bett hüten.
Doch schon am dritten Tag dieses zweiten Klinikaufenthaltes will Frau T. wieder entlassen werden. Wieder beteuert sie, es ginge ihr schon viel besser. Nun kann ein eingehendes Gespräch mit ihr endlich die sozialen und psychischen Hintergründe ihrer Ungeduld aufdecken: Frau T. hat

eine 32jährige außerehelich geborene Tochter, die bei ihr im Nachbarhaus wohnt. Die Tochter ist als Sekretärin berufstätig, Frau T. besorgt ihr den Haushalt – so, wie sie sie auch schon früher allein großgezogen hat. Frau T. berichtet:
»Meine Tochter hat halt den richtigen Mann noch nicht gefunden. Ich kümmere mich um sie. Ich weiß ja, wie das so ist, so ohne Mann. Es ist schon recht, daß sie ihre eigene Wohnung hat, obwohl es ja nicht nötig wäre. Sie könnte ja auch bei mir wohnen. Aber wenigstens kann ich für sie da sein.
Als ich das erste Mal hier im Krankenhaus lag, war ich doch enttäuscht, daß sie so selten zu Besuch kam. Auf einmal hatte sie immer etwas vor. Dabei hab' ich doch nur sie und sie nur mich!«

Frau T. beginnt bei diesen Worten still zu weinen. Sie ahnt, daß die Tochter während des Klinikaufenthaltes auf den Geschmack der Freiheit gekommen ist. Die übermäßig enge Mutter-Kind-Beziehung ließ eigene Pläne und Wünsche gar nicht zu. Die Tochter fühlte sich zur Loyalität gegenüber ihrer Mutter verpflichtet, die sich so für sie aufgeopfert hatte und dies immer noch tat.
Die einengende bevormundende Liebe der Mutter hatte die beiden in eine gegenseitige Abhängigkeit gefangen genommen. Als die Mutter nun im Krankenhaus war, nahm sich die Tochter endlich mehr heraus. Sie merkte, daß sie gar nicht so sehr auf die Mutter angewiesen war, wie diese ihr immer suggeriert hatte. Die Mutter aber ahnte diese Entwicklung zur Selbständigkeit und drängte deshalb nach Hause. So verschärfte sich die ohnehin unvernünftige Anklammerung an die Tochter, mit der sie eine sehr exklusive und weitgehend von der Umwelt abgeschottete Beziehung hatte. Sie verschärfte sich bis zum Notarzteinsatz.
Die Überschüttung mit einengender Liebe findet sich häufig dort, wo die Beziehung zum Kind im Grunde zwiespältig ist. Ungewollte Kinder sind hiervon deshalb besonders betroffen. Für Frau T. war die uneheliche Tochter in der Kleinstadt der frühen fünfziger Jahre auf der einen Seite eine Schande und dazu, bei ihrer Berufstätigkeit, eine große Belastung. Auf der anderen Seite suchte und fand Frau T. in der Tochter den einzigen engen

Lebenspartner, einen Menschen, der ihrem Leben Inhalt und Bedeutung gab.

Frau T. lehnte ihr Kind ab und zugleich brauchte sie es. Diese Ambivalenz bewirkte die Abhängigkeit bis ins hohe Alter. Durch übergroße Sorge wurde der Zwiespalt überkompensiert, also zugedeckt und übermäßig ausgeglichen. Wenn sich ein Kind daraus nicht lösen kann, entwickeln sich häufig Asthma, Tics oder auch Eßstörungen. Hilfreich ist es in solchen Fällen, die Ablösung der Kinder aus dem Elternhaus zu fördern sowie die Eltern an ihre eigenen ambivalenten Gefühle gegenüber den Kindern heranzuführen.

Kinder, meinte der verstorbene amerikanische Psychotherapeut Milton Erickson, seien die natürlichen Antagonisten ihrer Eltern. Statt völlig vereinnahmt zu werden, wie Frau T.'s Tochter durch ihre Mutter, brauchen Kinder jemanden, an dem sie sich auch reiben können. Sie brauchen einen Widerstand, an dem sie wachsen können. Sie brauchen eine Kraft, mit der sie sich messen können.

Wenn eine Familie mit einem mißratenen Teenager in Ericksons Sprechstunde kam, so fragte dieser als erstes immer den Teenager: »Was hast Du an Deinen Eltern auszusetzen?« Erickson zerstörte dadurch die ursprüngliche Schuldzuweisung an die mißratenen Kinder, und zugleich förderte er deren Eigenständigkeit. Er akzeptierte sie als Person und interessierte sich für ihre Meinung. So vermied er den Fehler vieler Familienberater, die Eltern ihre alten Klagen wiederholen zu lassen.

Erickson war in seiner Arbeit, wie sie Jay Haley in einem Buch festgehalten hat, auch ein Meister der Balance. Er erkannte, in welchen Familien die Kinder mehr Macht hatten, als sie verkraften konnten. Dann gab er den Eltern Macht zurück und lehrte sie, den Kindern Grenzen zu setzen. Gerade dies fällt Eltern, die von ihren Kindern abhängig sind, häufig sehr schwer. Um ihre eigene schwache Persönlichkeit zu stützen, brauchen sie die Kinder, die besonders toll aussehen, einzigartige Erfolge im Sport haben oder besonders gescheit sein müssen.

Eltern, die ihre Kinder als Stütze brauchen, haben Angst, die

Liebe der Kinder zu verlieren, und wagen es darum nicht, nein zu sagen. Sie delegieren bestimmte Lebensaufgaben, die sie selbst nicht bewältigt haben, an die Kinder: Erfolg im Beruf haben, gar Star im Showgeschäft oder im Sport werden, Reisen ins Ausland usw.

Dabei brauchen Kinder Grenzpfähle, an denen sie sich orientieren können. Wer ihnen diese Markierungen nicht gibt, verweigert ihnen die Antwort auf die Kernfrage aller Kinder: Was ist wirklich, wahr und sicher? Kinder brauchen diese Orientierung. Darum stellen sie diese Kernfrage täglich dutzendfach in immer neuer Form: Was ist ein Freund? Gibt es Gott? Wer macht die Milch? Warum wird es morgens hell und abends dunkel? Werde ich auch groß werden? Warum schreit der Mann so? Wohin ist Vati gefahren?

Kinder müssen mit diesen Fragen ernst genommen werden. Die Antworten der Eltern und Erzieher geben ebenso wie ihre Verbote und Gebote Orientierung im Leben der Kinder. Nur wenn diese Struktur einmal geschaffen ist, können die Kinder dann selbstverantwortlich handeln. Die Grenzpfähle, die die Eltern setzen, müssen allerdings Grenzpfähle bleiben, sie dürfen keine Gefängnismauern werden. Grenzen erlauben auch einmal einen Übertritt ins »verbotene Land«. Wenn man das riskieren kann, engen Grenzpfähle weniger ein, als daß sie dennoch Halt geben. Umgehen mit diesen Grenzen muß das Kind eines Tages ohnehin selbst.

Vertrauen und Zuversicht sind hier die nötigen Tugenden der Eltern. Eltern sollen fördern, damit die Kinder wachsen. Sie sollen aber auch darauf *vertrauen,* daß die Kinder wachsen werden. Und dazu bedarf es des Respekts vor dem eigenständigen Leben, das sich da entwickelt.

Vertrauen, Liebe, Respekt – dies können nur Eltern aufbringen, die auch sich selbst lieben, achten und auf sich vertrauen. Selbstunsicherheit, Ängste oder Selbstmißachtung übertragen sich dagegen nur allzuleicht auf die Kinder. »Wie die Alten sungen, so zwitschern auch die Jungen« – diese alte Weisheit bedeutet in diesem Zusammenhang, daß seelische Probleme sich in einer Familie oft über mehrere Generationen fortpflanzen können. Wie sollen Kinder denn auch Ruhe und Selbstvertrauen von Eltern lernen, die cholerisch und nervös sind? Wie sollen sie unternehmungslustig und mutig werden, wenn die Eltern ihnen Ängstlichkeit und Zurückgezogenheit vorleben?

Eltern sind zum einen die natürlichen Vorbilder ihrer Kinder. Zum anderen formen sie aber auch direkt, durch ihr Verhalten, den kindlichen Charakter. Alice Miller, die engagierte Schweizer Psychoanalytikerin, hat an vielen Beispielen die oft subtilen, manchmal aber auch brutalen Methoden elterlicher Dressur dargestellt. Durch einen drohenden Unterton, ein kritisches Stirnerunzeln, durch weinerliches Selbstmitleid oder einfach durch Wegsehen lehren Eltern ihre Kinder ebenso wie durch Spott oder Schläge. Sie lehren sie, brav und artig zu sein, aggressiv draufzuhauen oder Tränen herunterzuschlucken. Freier, selbstbewußter Gefühlsausdruck bei ihren Kindern verunsichert sie, Fragen nach dem Sinn des Lebens erinnern sie an ihre eigenen Enttäuschungen – Unsicherheit, Angst, eigene Enttäuschung sind die Motive, die nach Alice Millers Untersuchungen Eltern zu solch einengendem Verhalten bewegen.

So werden Selbstunsicherheit und mangelnde Selbstachtung in Familien weitergegeben. Die Zeche zahlt immer die nachfolgende Generation: »Was wir am einen verschulden, dafür straft uns der andere. Was wir an Schulen versäumen, an Ordnung in Familien und Gemeinden vernachlässigen, das bezahlen wir an Armensteuer, an die Strafrechtspflege und ans Zuchthaus, und was wir an dem Kranken heute ersparen, das holt der Krüppel siebenfach wieder.« Mit diesen (von Alice Miller zitierten) kämpferischen Worten trat um die Jahrhundertwende der Sankt Gallener Arzt Jakob Laurenz Sonderegger an die Öffentlichkeit und setzte sich für eine »vorbauende Medizin« ein, die eben in der Familie und Schule beginnen müsse. Es müsse die Gesellschaft interessieren, was in den Häusern vor sich gehe, denn Menschen seien nun einmal füreinander haftbar.

Alice Miller hat gezeigt, was sich in der Kindheit abspielen kann, um schließlich beim Erwachsenen in Kriminalität, aber auch in

Krankheit zu münden. Dagegen sind Selbstbestimmung und Selbstverantwortung, wie es die Konferenz der Weltgesundheitsorganisation in Alma Ata in der Sowjetunion 1978 feststellte, ganz wesentliche Bestandteile für Gesundheitsvorsorge in allen Lebensphasen. Getragen würden sie vor allem in der Familie.

Ob die Familie jedoch diesen Aufgaben gewachsen ist, darf in vielen Fällen bezweifelt werden. Über Kindesmißhandlungen, Selbsttötungen von Kindern und Jugendlichen, Scheidungen, Sucht und Abhängigkeit auch in der Familie wurde in diesem Buch schon mehrfach berichtet. Oft sei die Familie, so der Soziologe Siegusch, heute schon nichts anderes mehr »als eine bevorzugte Bühne für Öde, Sprachlosigkeit, Brutalität«.

In der Pubertät verschärfen sich viele Konflikte und psychische Probleme treten zutage, die bis dahin nur unterschwellig vorhanden waren. In diesen Jahren wären Selbstverantwortung und Selbstachtung besonders nötig, denn der Jugendliche befindet sich in einer schwierigen Übergangsphase: nicht mehr Kind und noch kein Erwachsener. Die alten Verhaltensmuster funktionieren nicht mehr und neue sind noch nicht erprobt.

Vielleicht erinnern Sie sich einmal selbst an jene Zeit zurück: als Sie jemand zum ersten Mal mit »Sie« anredete, als Sie zum ersten Mal selbst eine wichtige Unterschrift leisten mußten – Ihre Verunsicherung, Ihr draufgängerisches Auftreten. Vielleicht erinnern Sie sich auch noch an einen Krach, als Sie zum ersten Mal ohne die Erlaubnis der Eltern etwas taten, worum Sie bis dahin immer gebeten hatten. Kommt Ihnen der leise Spott der Freunde in den Sinn, weil Sie als einziger noch bei den Eltern um Erlaubnis fragen mußten?

Verunsicherung charakterisiert diese ersten Schritte in die Unabhängigkeit. Der 14jährige braucht die Eltern noch, aber er ist auch ungeduldig, weil er sie braucht, und ungeduldig darauf, sie eines Tages nicht mehr zu brauchen.

Jetzt geht die Saat auf, die Jahre zuvor gesät wurde: Hilfe zu Selbstbewußtsein und Eigenverantwortung tragen nun ebenso ihre Früchte wie Verunsicherung und Anleitung zur Verantwortungslosigkeit. Was sich zuvor vielleicht nur in Nägelkauen,

Daumenlutschen oder verlängertem Bettnässen zeigte, wird in der Pubertät und den nachfolgenden Jahren als psychische und soziale Fehlanpassung immer deutlicher. Die Ursachen liegen dann in der Regel schon lange zurück.

Viele Eltern – die selbst noch in einer Zeit unangetasteter elterlicher Autorität aufgewachsen sind – verzweifeln an der Aufgabe, ihren Kindern Partner und Helfer beim Entwickeln von Selbstverantwortung zu sein. Freiheiten, die sie sich selbst immer versagen mußten, werden den Jugendlichen heute zur Selbstverständlichkeit. Unverständnis und Neid verderben die Beziehung, bei der beide Seiten die emotionale Botschaft der anderen nicht mehr verstehen können, sondern schematisch und automatisch reagieren.

Bei einem Kurs an der Volkshochschule berichtete Lore, eine alleinerziehende Mutter mit einer Tochter von 14 und einem Sohn von 16 Jahren. Ihre Verzweiflung und ihr Ringen um eine Lösung des Konflikts in der Familie wurden für alle Teilnehmer deutlich spürbar:

»Ich komme da einfach nicht ran. Wie soll ich's anpacken? Mit meinem Sohn kann ich gar nicht mehr reden. Er geht mir gleich an die Decke. Er will nichts mehr von uns wissen. Kürzlich kündigte er an, er werde in den Keller ziehen, um seine Ruhe zu haben. Und mir fiel nichts Besseres ein, als zu antworten: ›Aber nur über meine Leiche!‹ Ich bin ganz verzweifelt. Ich kann ihn doch nicht so einfach ziehen lassen.«

Lore kämpfte darum, den Gesprächsfaden mit dem Sohn nicht abreißen zu lassen. In diesem Augenblick war es dennoch geschehen: Sie hatte nur einen Teil der Botschaft des Sohnes herausgehört, nämlich nur die Drohung mit dem Auszug, und nicht die Verzweiflung und Einsamkeit, die auch in den Worten des Sohnes enthalten waren – dieselbe Verzweiflung und Einsamkeit, die auch Lore zu Boden drückten.

Lore fehlte nun das Handwerkszeug, die Erziehungsaufgaben zu meistern – und dabei noch allein auf sich gestellt zu sein. Sie war eine gute, ernsthafte Mutter, als die Kinder klein und abhängig gewesen waren. Sie nun aber in die Unabhängigkeit ziehen zu

lassen und ihnen dabei auch noch ein Partner zu sein, überforderte sie einfach.
Nur ein einziger Schritt vermochte sie von diesem Druck zu befreien: nicht nur sich selbst und den anderen Teilnehmern im Kurs ihre Überforderung einzugestehen, sondern sich gerade auch ihren Kindern gegenüber zu öffnen. Aber eben das fiel ihr so schwer: Sie hatte lernen müssen, die Zähne zusammenzubeißen und stark zu sein. Um ihre Augen und ihren Mund herum und in ihren Kiefern hatte sie Dämme und Sperren errichtet und damit den Schmerz über ihre Einsamkeit und ihre zerstörten Träume zurückgehalten. Mit ihren Befürchtungen und Ängsten hatte sie immer allein fertigwerden müssen.
Lore hatte sich so viele Jahre zusammenreißen müssen, daß sie nun, als ihre Kinder ihr Partner hätten werden können, ihnen ihre Hilflosigkeit nicht eingestehen konnte. Zu groß war ihre Angst, die inneren Dämme und Sperren könnten brechen und die Fluten der entfesselten Verzweiflung könnten sie selbst und ihre Kinder davonspülen.
Darum hatte sie auch die Verzweiflung und Einsamkeit des Sohnes nicht heraushören können – weil sie sie an ihren eigenen Schmerz erinnert hätten.

11 Glaube: Der Mensch lebt nicht von Brot allein

Naturwissenschaft, Technik und Ökonomie bestimmen unsere Welt. Was produziert werden kann, wird produziert. Was konstruiert werden kann, wird konstruiert. Was erforscht werden kann, wird erforscht. Ein Leben, das verlängert werden kann, wird verlängert. Eine menschliche Beziehung, die analysiert werden kann, wird analysiert.
Wissenschaft kann beschreiben – aber nur Religion kann uns als Tragödie aufzeigen, was einem Menschen zustößt: ein Schauspiel wird erst dadurch zur Tragödie, daß wir uns an die Stelle der Betroffenen versetzen und die Zerstörung ihrer Träume und Sehnsüchte, die Zerstörung ihres Lebens mitempfinden. Die Nachricht von einem Flugzeugabsturz wird nicht durch vergleichende Statistiken und technische Erläuterungen für uns menschlich erfahrbar, sondern durch unsere Anteilnahme an dem Bösen und Unfaßbaren, das diesen Menschen zugestoßen ist.
Trauer weckt bei uns die Mitteilung über die lebensbedrohliche Krebserkrankung eines 48jährigen Bekannten nicht aufgrund der Personaldaten, der Krankheitsbeschreibung im Lehrbuch oder aufgrund des Operationsberichts, sondern weil diese Nachricht unseren inneren Überzeugungen vom Leben und Lebenssinn so zuwiderläuft. Auch hier setzen wir uns – bewußt oder unbewußt – an die Stelle des Betroffenen und trauern und ängstigen uns letztendlich um unser eigenes Leben.
Diese Identifikation trägt ein religiöses Element in sich, denn Religion bedeutet (ganz losgelöst von Kirche, Konfessionen usw.), die Erfahrung der Einheit mit der Schöpfung zu machen.
Schreckensbotschaften aus unserem privaten Umkreis kommen zum Glück nicht jeden Tag über uns – wir müßten sie sonst

ebenso verdrängen wie die Katastrophenmeldungen, die uns die Medien täglich ins Haus bringen.

Wenn wir aber solche Ereignisse (privater Art oder auch öffentliche Meldungen) an uns heranlassen, spüren wir, wie etwas tief in uns erschüttert wird. Diese Erschütterung macht eine Grundüberzeugung, eine Wurzel und einen Kern in uns erfahrbar, zu dem wir im Alltag meist den Kontakt verloren haben: In der Tiefe steht in unserem Mittelpunkt unser Bedürfnis nach Sinn im Leben und unsere Hoffnung, daß es diesen Sinn gibt, und hoffentlich auch unser Glaube, daß es ihn gibt.

Wenn wir die Konfrontation mit der – offenbar sinnlosen – Zerstörung von Leben und Lebensträumen zulassen, fühlen wir uns genau an diesem Sinnpunkt getroffen.

Für Max Frisch ist die Sinn-Frage die unverzichtbare Bedingung des Menschseins. In einer Rede an angehende Ärztinnen und Ärzte sagte er: »Lange bevor wir uns selbst als Sterbliche begreifen, haben wir die Erfahrung von Zeit als Verhängnis, das sehr frühe Erlebnis, daß das Leben immerzu eine Todesrichtung hat. Ohne diese Erfahrung würde sich die Sinn-Frage nicht stellen. Ohne die Sinn-Frage, ob sie dann eine Antwort findet oder in die Verzweiflung führt, gibt es den Menschen nicht.« (FAZ vom 5. 1. 1985)

Die Todesrichtung des Lebens wird in unserer Gesellschaft gern ausgeblendet. Die Verleugnung des Todes findet beispielsweise Ausdruck in dem Jugendkult, dem unsere Kultur huldigt. Nicht nur Mode, Werbung und Sport feiern das jugendliche Idol, auch individuell klammern sich viele Menschen an die Illusion ewiger Jugend. Jung darf sich fühlen, wer noch als Opa die gleichen Jeans wie sein Enkel trägt oder wer Jahr für Jahr sein Sportabzeichen absolviert – nicht etwa aus Lust an der Bewegung, sondern um sich seine eigene Zeitlosigkeit und damit auch Unsterblichkeit zu beweisen.

Markus, ein 43jähriger Professor der Sozialwissenschaften, zelebrierte seinen eigenen Jugendkult, indem er sich immer wieder junge Freundinnen suchte. Der jungenhafte, schlacksige Mann war eifriger Besucher von Studentenfesten und Uni-Bällen, wo er hübsche Mädchen kennenlernte, die sich bei aller Unsicherheit und Scheu gegenüber dem Professor durch sein Interesse an ihnen geehrt fühlten. Markus erzählt über sich und seine Vergangenheit:

»Von meiner Frau, mit der ich 15 Jahre verheiratet bin, lebe ich seit drei Jahren getrennt. Ich konnte einfach nie zu Hause bleiben, sie aber wollte mich anketten. Ihre Ratschläge schlug ich in den Wind – sie mag ja recht haben. Aber ich brauche mehr Fröhlichkeit um mich herum.

Diese Studentinnen können mir so viel geben. Nicht nur Spaß, sie hören mir auch gut zu. Sexualität ist dabei nie das große Thema. Auf die Dauer klappt es mit diesen Beziehungen aber immer nicht – sie interessieren mich einfach nicht mehr. Ich werde melancholisch und mache Schluß.«

Markus' Leben ist von Ruhelosigkeit geprägt – dabei möchte er das Leben doch festhalten, es auskosten. Er bleibt auf der Lebensstufe des jungen Erwachsenen stehen: suchen, ausprobieren, erleben. Routine ist ihm verhaßt, und zugleich möchte er das Neue, Frische in jeder Begegnung auf Dauer bewahren.

Wie viele Menschen kann Markus nicht akzeptieren, daß er älter wird. Allem, was Vergänglichkeit bedeutet, geht er aus dem Weg. Seine Freundinnen haben eine faltenlose Haut und noch keine Vergangenheit hinter sich. Auch Entwicklung und Vergänglichkeit in der Beziehung kann Markus nicht aushalten. Den Wandel, dem eine Beziehung nach der Phase der ersten Verliebtheit ja immer unterworfen ist, läßt Markus nicht zu. Er bricht die Beziehung ab. Markus möchte den Lauf der Zeit festhalten und das Rad der persönlichen Geschichte mit jeder neuen Beziehung zurückdrehen.

Ratlos suchend bleibt er auf der Flucht: auf der Flucht vor sich selbst, vor seiner eigenen Vergänglichkeit, vor seinem Tod.

Andere Zeitgenossen stürzen sich nicht in immer neue Liebesabenteuer mit immer jüngeren Partnerinnen, sondern leugnen auf andere Weise den natürlichen Lauf der Zeit. Mancher will durch seine Kinder und Enkel die persönliche Biographie fortführen lassen. Über seinen Tod hinaus sollen sie den Fortbestand seines Besitzes, seines Schaffens und seiner Wertvorstellungen garantieren.

Andere greifen begierig nach den Angeboten der kosmetischen und pharmazeutischen Industrie oder suchen Quacksalber, Sanatorien und Gesundheitsfarmen auf. Mit Knoblauchpillen, Thymusextrakten und viel Teurem mehr wollen sie dem Schicksal Steine in den Weg legen.

Die Medizin schließlich wird die Geister, die sie rief, nicht mehr los. Ihre Erfolgsmeldungen über Lebensverlängerung werden immer wieder allzu ernst genommen. Auf Intensivstationen hat darum ein Personal, das häufig selbst an dieser Aufgabe zweifelt, einen erbarmungslosen Kampf gegen die Natur zu führen. Lebensverlängerung um jeden Preis ist leider noch vielerorts das Motto – von uneinsichtigen Angehörigen und von der Rechtssprechung zum Teil noch unterstützt. Menschenwürdiges Sterben bleibt der fromme Wunsch der Festreden. Max Frisch zeigte die Gefahr auf: »Nicht im Tod, sondern in dieser Flucht vor dem Tod – durch medizinisch-technologische Lebensverlängerung – kommen wir uns selbst abhanden.«

Weil unsere Gesellschaft und ihre Medizin den Tod fliehen, gerät die Sinn-Frage in den Hintergrund. Viele vergessen, daß der Mensch ein Bedürfnis nach Lebenssinn hat, daß er danach fragen und suchen muß, um Mensch zu sein.

Jahrhunderte, wenn nicht Jahrtausende lang war die Sinn-Frage das Monopol der Religionen. (Daß auch die Philosophie über Sinn nachdachte, wurde zwar geduldet, hatte aber nur wenig Wirkung auf das Volk.) Bei der Frage nach dem Sinn blieb es allerdings nicht – Religionen hatten auch immer schon eine verbindliche Antwort parat.

Wenn zum Beispiel Katastrophen, Krankheit und Tod die Menschen peinigten, wurden solche Ereignisse als Werk des Teufels oder von Gott geschickte Prüfungen interpretiert und hatten damit ihren Platz in der göttlichen Weltordnung. Wenn – wie im Fall der Pest – diese Erklärungen nicht mehr befriedigten, wurde alles Unverständliche und Böse einer gesellschaftlichen Randgruppe (meist den Juden) angelastet.

Noch weiter zurück als die kirchlichen Erklärungen für gutes und böses Schicksal reichen jene Mythen, mit denen Menschen seit Urzeiten ihre Ohnmacht angesichts übermächtiger Naturgewalten zu bannen suchten. Seit jeher konnten Menschen mit ihrer

Angst besser umgehen, wenn sie den Ereignissen, die ihnen zustießen, einen Sinn unterlegten. Mit solchen Mythen konnten sie rechnen, sie anrufen, benennen und sich so von dem Unfaßbaren distanzieren: Statt sich blind den Gewitterstürmen ausgeliefert zu fühlen, schufen sie sich zum Beispiel den Mythos, ein bestimmter Wettergott habe sie geschickt. Statt monatelange Trockenperioden einfach hinnehmen zu müssen, erklärten die Menschen die Trockenheit mit dem Zorn des Wettergottes und konnten so wenigstens versuchen, ihn durch Opfer umzustimmen. Es war der Erdgott, der nachts wilde Tiere schickte. Der Flußgott sandte die Überschwemmung, und der böse Blick brachte Krankheit.

Auch heute verlangen Kinder, die im Dunklen Angst haben, nach Geschichten. Damit sollen den Dämonen und Geistern der Nacht Namen gegeben werden. So wird der diffusen Angst, die angesichts des bedrohlichen Dunkels aufsteigt, eine Gestalt und ein fester Platz in der Außenwelt zugewiesen.

Über das primitiv-magische Gottesbild, das sich darin ausdrückt, sind heute auch etliche Erwachsene nicht wesentlich hinausgelangt, auch weil die Kirchen es an geeigneter Förderung in dieser Hinsicht häufig haben fehlen lassen. So ist denn das Verhältnis vieler Menschen zur Religion und zum religiösen Glauben vordergründig von der Gleichgültigkeit gekennzeichnet, während in der Tiefe vielfach ein starkes Verlangen nach Lebensorientierung und Sinnerfüllung ungestillt und oft auch unbeachtet bleibt.

Lore zum Beispiel, die alleinerziehende Mutter aus dem vorigen Kapitel, verzweifelte an ihrer Lebenssituation, weil sie ihrem Schicksal eine religiöse Dimension einfach nicht mehr geben konnte. Jochen, der Ingenieur aus dem dritten Kapitel, stellte die Sinnfrage gar nicht erst, denn er sah mit dem äußeren beruflichen Erfolg seine Lebensziele als erreicht an. Daß unser Leben auch eine innere, psychische und religiöse, Dimension hat, kam ihm nicht in den Sinn.

Vielen Menschen ist dies heute schwer oder sogar unmöglich geworden. Vor allem sträuben wir uns, die vorgefertigten Antworten der Kirchen auf unsere Fragen anzunehmen. Wir wollen selbst erfahren, sehen, entscheiden.

Woher aber sollen die Antworten auf unsere Fragen kommen? Wissenschaft und Ökonomie sind, wie wir erkannt haben, nur Mittel zum Zweck. Zweck und Ziel können auch sie nicht vorgeben. Können wir also die Sinnfrage aus uns selbst heraus beantworten?

Religion ist zu einer Privatangelegenheit geworden, ist Sache des einzelnen, die er in seinem stillen Kämmerlein mit sich selbst auszumachen hat. Da ist es dann kein Wunder, wenn Resignation, Rückzug und Depression herrschen. Da landen wir dann wieder dort, wo wir begonnen haben: in der Isolation, in der absoluten Einsamkeit. Dies kennzeichnet ja unsere Existenz als menschliche Individuen: Allein werden wir geboren, allein verlassen wir auch wieder diese Welt. Um diese Isolation und um uns selbst ertragen zu können, sind irdisches Glück, irdische Leistung nicht genug.

Hier wurzelt unser natürliches Bedürfnis nach Sinngebung in unserem Leben, nach Selbstbesinnung und zugleich nach Transzendenzerfahrung. Doch viele Menschen mißachten ihre Sehnsucht nach Sinn und religiösem Glauben, der ihre individuelle Isolation durchbrechen kann.

Dafür klammern sie sich an das Sichtbare, an das Gegebene: Frau T. an ihre Tochter, Bernd an seine Aufgabe, die Bundeswehr zu verändern, Helga an ihren beruflichen Erfolg. Das soll ihrem Leben Sinn, Bedeutung und Inhalt geben.

Viele leiden an der Sinnleere ihres Daseins, manche werden suchend krank: Der Alkoholiker, heißt es, sucht Geist im Weingeist. Der Depressive dreht sich fragend im Kreise. Der psychosomatisch kranke Mensch baut in seinem Körper Dämme gegen seine Fragen und Sehnsüchte.

Wenn wir ehrlich zu uns sind, müssen wir uns immer wieder eingestehen, wie leicht wir uns in falscher Sicherheit wiegen. Wir vertrauen auf Geld, Besitz und Examina, wir klammern uns an unsere Beziehungen, an den eigenen Körper und seine Fitness, an unsere geistigen Fähigkeiten. Dies sind aber trügerische Sicherheiten.

Wie trügerisch diese Sicherheiten sind, erfahren wir spätestens, wenn uns oder unserer Familie etwas Unbegreifliches, etwas Unerträgliches zustößt. Doch auch hier und jetzt können wir es bei genauerem Hinsehen feststellen: Wie verlockend und einfach scheint es doch, dem Versicherungsvertreter, dem Politiker oder dem Arzt zu glauben, die uns diese Sicherheiten versprechen. Ebenso wie die Menschen früherer Jahrhunderte sich den vielleicht gleichfalls trügerischen Garantien kirchlicher Dogmen anvertrauten, neigen wir heute dazu, unsere Existenzängste mit käuflichen Sicherheiten (Versicherungen, Pillen, Rüstung usw.) und mit den Segnungen des Wohlfahrtsstaates zu beschwichtigen.

»Wir halten unsere Welt für berechenbar, obwohl wir im Grunde selbst nicht daran glauben«, kennzeichnet der Pfarrer Jörg Zink unser Dilemma. Bequemlichkeit und Materialismus verführen uns dazu, die existentiellen Fragen von Krankheit, Tod und Lebensaufgabe zu verleugnen. Wie Jochen oder Lore fällt es vielen Menschen in der Tat schwer, »Gott« und »Sinn« in ihrem Lebensalltag zu entdecken.

Dabei hat in den letzten Jahren die Suche nach einem Glauben und nach der Geborgenheit in einem als sinnhaft erlebten Kosmos weltweit zugenommen. Zu Tausenden gehen Jugendliche auf Kirchentagen suchend und fragend auf die Reise, nehmen Menschen verschiedenen Alters zum Beispiel an Meditationsgruppen teil. Eine neue, leidenschaftliche Suche nach Spiritualität hat eingesetzt.

Die Frage darf erlaubt sein, ob hier nicht viele auch von einem Extrem ins andere fallen. Von der Verlorenheit an die Welt in die Abkehr von der Welt? In Jugendsekten und mancherlei pietistischen Zirkeln werden neue Dogmen zu immerwährenden Wahrheiten erklärt. Oft werden Dogmen begierig aufgegriffen, denn es stärkt das eigene Selbstbewußtsein, sich im Besitz der Wahrheit zu fühlen. Dabei wiegen Dogmen nur wieder in falscher

Sicherheit. Auch die Geborgenheit und Nähe, die manche in diesen Gruppen suchen und finden, bleibt gefährdet.
Der Tod ist weiterhin unfaßbar, und über ein Leben jenseits davon wissen wir so gut wie nichts. Was aber die religiöse Praxis angeht, so fehlen uns immer wieder die Bescheidenheit und Schlichtheit, mit der Paulus schreiben konnte: »Wir wissen nicht, wie wir beten sollen, wenn es wirklich im Sinne Gottes geschehen soll. Aber der Geist Gottes tritt selbst für uns ein und bringt in wortlosem Seufzen vor Gott, was wir sagen wollen . . .«
Die Sprachlosigkeit des Paulus ist uns vertraut, auch wenn wir vielleicht schon länger nicht mehr zu beten versucht haben. Wir kennen die Sprachlosigkeit zum Beispiel aus Gesprächen, in denen wir auf Fragen keine Antwort wissen, wir erleben sie, wenn sich in unserem Inneren ein Bedürfnis oder ein Impuls regt, dem wir nicht Ausdruck geben können.
Zu oft stecken wir im Panzer heruntergeschluckter Gefühle oder haben uns im selbsterbauten Labyrinth falscher Einstellungen und Weltanschauungen verirrt. Wir wissen keinen Ausweg und sind uns dessen oft nicht einmal bewußt. Dann bemerken wir nur, wie wir nervös, aggressiv oder niedergeschlagen werden, wie unser Körper rebelliert oder wie der Gesprächsfaden mit den Freunden abreißt.
Die Haltung des Paulus ist demütig. Mit dem Begriff »Demut«, der für viele heute etwas antiquiert klingt, wird dennoch eine sehr gesunde und aktuelle Einstellung zu sich selbst, zur Umwelt und zur Schöpfung umschrieben. Demut bedeutet die Freiheit von Illusionen, von Selbstüberschätzung und Empfindlichkeiten. An ihre Stelle treten Sachlichkeit und Hingabefähigkeit. Der Demütige vergleicht sich nicht mit anderen und ist bereit, sich in aller Schwachheit der Kraft Gottes anzuvertrauen. Er kann – ganz im Sinne dieses Buches – zu sich stehen, so wie er ist. Er braucht sich nicht zu überfordern, er nimmt sich nicht zu wichtig. Der Demütige kann sich selbst annehmen, weil er sich angenommen fühlt.
Wie der Begriff der Demut spiegeln auch andere religiöse Begriffe und Ausdrucksformen des religiösen Lebens Inhalte und

Denkanstöße wider, die mir in diesem Buch wichtig sind. Die Betrachtung ihres transzendenten Gehaltes (also dessen, was über das Sichtbare und Faßbare hinausgeht) rückt zum Abschluß manches ins rechte Licht.
Viele dieser Traditionen und Begriffe wie »Gott«, »Gnade«, »Sünde« und »Gebet« wurden überstrapaziert und haben deshalb ihre Bedeutung für viele Menschen verloren. Diese Begriffe sind nicht mehr »modern«. Wir sehen sie oft nur noch als Worthülsen oder sinnlose Rituale an.
Vielleicht ist aber der Abstand zu diesen Traditionen inzwischen groß genug geworden, so daß wir uns ihnen neu zuwenden können. Wir können feststellen, ob es sich lohnt, diese Begriffe in unsere Lebenswelt zu übersetzen. Durch unsere eigenen Vorurteile sollten wir uns dabei nicht abschrecken lassen.
»Gott« ist wohl der umfassendste Begriff, den wir uns vorstellen können. Aber können wir ihn uns überhaupt vorstellen? Wer meint, ihn fest in den Händen zu halten, hat ihn auch schon wieder verloren.
Umfassend genug, um sich dem Gottesbegriff anzunähern, ist vielleicht das folgende Gottesverständnis, das undogmatisch gemeint ist und auf das sich viele einlassen können: Gott schafft die Verbindung zu allem, was existiert. Gott ist die Verbindung zu allem, was existiert.
»Gott, wie ich ihn verstehe« – diese spirituelle Formulierung der Anonymen Alkoholiker hilft uns dabei, nicht festzuschreiben, was nicht festgeschrieben werden kann. Mit »Gott, wie ich ihn verstehe« wird auch der andere Mensch nicht verpflichtet und festgelegt, sein eigenes Verständnis wird ihm gelassen. Diese Formel fußt in der Überzeugung, daß Religion als die Erfahrung der Einheit mit der Schöpfung nur individuell erfahrbar und daher Gotteserfahrung immer persönliche Erfahrung ist.
Dennoch ist Religion immer auch ein Gemeinschaftsereignis gewesen. Viele Menschen drängt es danach, ihre spirituellen Erfahrungen mit anderen zu teilen. Der religiöse Glaube war immer eine starke Kraft, die Gemeinschaft zwischen Menschen schuf. Er inspirierte Menschen, anderen zu helfen. »Einer trage

des anderen Last« ist nicht nur die eheliche Verpflichtung, es war auch der Leitsatz der christlichen Urgemeinden. Wer nur noch um sich selbst kreist, hat diese Gemeinschaft aber verloren. Wer wie Arthur und Hedda in gegenseitiger Abhängigkeit verstrickt ist, muß erst wieder lernen, einander in echter Partnerschaft zu fördern und einander zu dem weiterzuhelfen, was der Partner in Wahrheit werden kann.

Die Beispiele in diesem Buch können eine Ahnung davon vermitteln, wie vielfältig die spirituelle Dimension in unser Leben eingewoben ist: »Demut« und »Sünde« bezeichnen Einstellungen, die für die gesamte Lebenshaltung und Selbsteinschätzung eines Menschen große Bedeutung besitzen, und »Schuld« und »Vergebung« spielen in jeder zwischenmenschlichen Beziehung und insbesondere in der Lebenspartnerschaft eine große Rolle.

Vor diesem Hintergrund verstehen wir, daß dem Gottesbegriff am nächsten der Begriff der Liebe steht, von dem häufiger geredet, geschrieben und gesungen wird, als von jedem anderen religiösen Begriff.

»Liebe« – ein arg strapaziertes Wort, aber (wie Simmel meint) »nur ein Wort«? Die Wurzeln liegen, zumindest für unseren Kulturkreis in der Botschaft Jesu von der Liebe und Vergebung Gottes, und für die ganze urchristliche Gemeinschaft war Liebe das zentrale mitmenschliche Gebot. Wollte man, was mit Jesus Christus in die Welt kam, in einem einzigen Wort zusammenfassen – es müßte »Liebe« heißen. Ohne Liebe ist Religion nicht denkbar. Liebe soll dabei nicht nur die Beziehung zu unserem Partner und zu unserer Familie bestimmen, sondern soll die tragende Kraft werden für die Verbindung zu allen Mitmenschen und zu allem, was lebt und existiert. Ein übermenschlicher Anspruch? Eine Utopie, ohne die wir heute keine Zukunft mehr sehen.

Faßlicher und machbarer ist da vielleicht ein anderes, oft mißverstandenes Gebot: »Liebe Deinen Nächsten, *wie Dich selbst*.« Mit der Hervorhebung will ich deutlich machen, daß es hier eben auch um die Liebe zu uns selbst geht. Liebe wird in diesem Gebot zum gemeinsamen Leitmotiv für die Beziehung zu mir selbst und zu anderen: gesundes Selbstvertrauen auf der einen und Achtung und Hilfe auf der anderen Seite.

Gegen dieses zweifache Liebesgebot zu verstoßen, bedeutet, sich von Gott zu entfernen, und es ist nun genau dies, was mit »Sünde« gemeint ist und wodurch wir zum »in sich verkrümmten Menschen« (Luther) werden!

Der so verstandene »Sünder« kreist um sich selbst, um seine Ängste und seine kleinen Bedürfnisse. Er ist verbohrt in starre Weltanschauungen und meint, genau so oder so sein zu müssen – eine von Grund auf falsche Lebenseinstellung, wie wir sie in vielen hier dargestellten Beispielen wiederfinden: bei Jan, der seine Misere nur auf sein Einzelkinddasein schob, bei Brittas Tante, die sich nie traute, oder bei Frau T., die ihre Tochter zum Zentrum ihres Lebens machte und sie darin gefangen hielt.

Der »Sünder« kennt die Verantwortung nicht, die er für sein eigenes Leben trägt. Doch auch seiner Verantwortung für die menschliche Gemeinschaft ist er sich selbst nicht bewußt. Seine Schwierigkeiten mit sich selbst betreffen immer auch den Mitmenschen. Im Kontakt mit anderen – sei es in der flüchtigen Begegnung mit einem Fremden oder im Familien- und Freundeskreis – wird seine Selbstüberschätzung oder seine Selbstunterschätzung spürbar. Sein verschrobenes Selbstbild, sein Mangel an Selbstverantwortung verzerrt auch seine menschlichen Beziehungen.

Diese Beziehungen werden zunehmend verdinglicht: Menschen entscheiden sich für ein neues Auto und für die jährliche Traumreise, aber gegen ein Kind. Kinder werden als Belastung und nicht als Bereicherung angesehen. Statt Zuwendung gibt es Geld.

Wir »sündigen« auch, wenn wir Bürokratismus und Sachzwänge über unser Leben entscheiden lassen und uns selbst Konkurrenzsituationen und Streß schaffen. So werden wir als »Sünder« zugleich unsere eigenen Opfer.

Weltflucht ist aber auch keine Alternative – damit wird die Welt weder überwunden noch erlöst. Konkret können wir uns »Sünde« als den Sand im Getriebe der Welt vorstellen. »Sünde« ist alles, was den Fluß des Lebens behindert und natürliche Entwicklungen festhalten will. Bewegung ist eine Grundbedingung des Lebens. Es muß *für* etwas gelebt werden, nicht gegen etwas. »Sünde« ist das Widersetzen gegen diese Aufgaben, das Anklammern an Bestehendes, so zum Beispiel das Kleben an den alten Zweierspielen und das Festhalten an der Illusion der ewigen Jugend.

Sand streuen wir ins Getriebe, wenn wir unsere Gefühle einmauern und unseren Körper zu ihrem Gefängnis machen. »Sünde« ist auch, das eigene Schicksal nicht annehmen zu wollen, sich der Lebensaufgabe entgegenzusetzen, wie zum Beispiel Jan, Helga oder Markus es versuchten. »Sünde« ist die alltägliche Gefahr: Wir alle halten uns lieber am Altvertrauten fest als uns dem Strom des Lebens anzuvertrauen. Wir beharren lieber auf unseren Überzeugungen, als sie in Frage zu stellen. »Der Mensch«, sagt eine alte Weisheit, »will bewahren, aber Gott will Veränderung«.

Ob mit oder ohne Gott – wir leben in einer Welt von Gut *und* Böse, und Gott ist nicht eine Instanz, bei der wir die Beseitigung alles Üblen einklagen könnten. Aber jeder kann bei sich selbst beginnen: sich mehr und mehr den eigenen »Schatten« bewußt machen und damit auch sensibler für verantwortliche ethische Entscheidungen werden.

Religiöser Glaube (der keineswegs durch kirchliche Dogmen reglementiert sein muß!) gibt Antwort auf das menschliche Grundbedürfnis. Er vermag uns Sinn zu vermitteln und Halt zu geben, wie wir ihn aus uns selbst allein nicht fänden.

Harold Kushner, ein amerikanischer Rabbi, mußte die schleichende unheilbare Krankheit miterleben, an der sein Sohn im Alter von 14 Jahren schließlich verstarb. Kushner suchte nach dem Sinn dieses Leids und machte sich Gedanken darüber, warum guten Menschen Böses widerfährt. An sich, so schreibt er in seinem Buch, seien Ereignisse wie Leben oder Tod neutral. »Durch die Art, wie wir darauf reagieren, geben wir dem Leiden entweder eine positive oder eine negative Bedeutung ... Unglücke haben keinen Sinn. Wir aber können ihnen Sinn und

Bedeutung geben.« Das sei unsere Chance und unsere Pflicht als Menschen, meint Kushner.

Bei sich selbst beobachtete Kushner die Neigung, Gott anzuklagen und ihm die Schuld an dem Unglück zu geben. Dies aber dient nur dazu, unser Selbstbewußtsein zu bewahren. Wir schaffen uns in Gott einen Schuldigen, um uns selbst zu entlasten. Aber dadurch wird die Last, das Unglück nun allein zu tragen, nur noch drückender.

Glaube dagegen gibt Kraft. Das haben Kushner und viele andere Menschen erfahren. Der Glaube gibt die Kraft, das schier endlos Erscheinende zu ertragen: die chronische Krankheit, die Behinderung des eigenen Kindes, Krieg und fortgesetzte Vertreibung. Glaube gibt Geduld, wenn bereits Jahre der Geduld vergangen sind und keine Aussicht auf Besserung besteht.

Eine Art von »Besserung« ist auch dann noch möglich: Meine Einstellung zum Unglück kann ich ändern, meine geistige Haltung kann ich verbessern. Wenn uns dann aber doch die optimistische Lebenseinstellung verläßt, dann können wir zurückfallen und unsere Verzweiflung mit allerlei Mitteln betäuben. Wir können aber auch die Verbindung zu allem, was existiert, wieder erneuern – und im Glauben die Beziehung zu Gott suchen.

Alexander Mitscherlich hat von der »Unfähigkeit zu trauern« gesprochen und dies auf die Verleugnung der nationalsozialistischen Vergangenheit Deutschlands nach dem Kriege bezogen. Doch nicht nur angesichts einer historischen Schuld, sondern auch über einen persönlichen Verlust oder einen schweren Schicksalsschlag können viele Menschen nicht trauern. Sie haben Angst davor, den Schmerz über ein entgangenes Leben zu empfinden, und schließen ihre Gefühle in sich ein. Die Angst vor dem Loslassen, die Angst, sich der Trauer und dem Schmerz zu überlassen, haben wir bei Johannes, dem farblosen Bibliothekar, kennengelernt. Er war das Beispiel für viele von uns, die Angst haben, sich fallen zu lassen und dann ins Nichts zu stürzen.

Hier ist es der Glaube, der Halt gibt. Wir dürfen es riskieren, uns der Trauer und dem Schmerz zu überlassen, weil wir uns in der Verbindung zu allem, was existiert, fühlen. Diese Verbindung zu

Gott, wie wir ihn verstehen, schafft Vertrauen, den eigenen Ängsten ins Gesicht zu sehen. Das Bewußtsein, im Leben innerlich gehalten und geführt zu werden, läßt uns den Blick auf die eigene Schwachheit und Schuld wagen.
Das ist der ungeheuer große Freiraum, den Menschen, die aus tiefem Glauben heraus leben, empfinden können. Sie brauchen den Gefühlspanzer nicht, weil sie keine Angst vor dem Abgrund haben. Sie können über ihren irrigen Meinungen und falschen Einstellungen stehen.
Den Mut und die Stärke, das Unerträgliche zu ertragen, kann uns das Gebet geben. Verborgene Reserven werden so angezapft. Meditativ findet der Betende wieder zu seiner inneren Mitte.
Ein Gebet fordert nicht das Wunder, erwartet nicht das Unmögliche – und kann doch Quelle von Hoffnung und Optimismus sein.
Auch Gnade kann im Gebet erfahren werden – aber nicht nur auf diesem Weg. Denn zu ihrem Wesen gehört es geradezu, ungeachtet unserer Taten und ohne unser Zutun zuteil zu werden. Wir müssen nur bereit sein, sie anzunehmen. Viele Menschen kleben jedoch an ihrem Unglück. Es ist ihnen so vertraut, daß sie es nicht loslassen möchten. Es soll auch Lebenslängliche geben, die Angst vor der Freiheit haben.
Wir alle haben verlernt, um etwas zu bitten – statt dessen fordern wir und erheben Ansprüche. Vielleicht fällt uns darum das Beten so schwer.
Ähnlich verhält es sich mit dem Glauben. Vielen von uns wurde er zur selbstverständlichen Pflicht gemacht – vielleicht fällt er uns darum so schwer. Beim Glauben geht es aber um ein Angebot, für das wir uns frei entscheiden können. Im Kern bleibt unser Leben geheimnisvoll. Im Glauben aber wird dieses Geheimnis zugleich akzeptiert und überwunden.

Literatur

Berne, Eric: Spiele der Erwachsenen. Reinbek, 1970.

Dethlefsen, Thorwald: Schicksal als Chance. München, 1979.

Ellis, Albert: Die Rational-emotive Therapie. Das innere Selbstgespräch und seine Veränderung. München, 1977.

Erikson, Erik H.: Identität und Lebenszyklus. Frankfurt/M., 1976.

Habel, Luise: Umarmen möchte ich dich. Briefe an einen Therapeuten. München, 1982.

Hambrecht, Martin: Das Leben neu beginnen. Wenn Therapie zur »Lebensschule« wird. München, 1983.

Haley, Jay: Die Psychotherapie Milton Ericksons. München, 1978.

Kushner, Harold S.: Wenn guten Menschen Böses widerfährt. München, 1983.

Mitscherlich, Alexander: Vorwort zur »Psychopathologie des Alltagslebens« von Sigmund Freud. Frankfurt/M., 1954.

Pelletier, Kenneth R.: Gesund leben – gesund sein. München, 1983.

Rogers, Carl R.: Die Entwicklung der Persönlichkeit. München, 1976.

Satir, Virginia: Selbstwert und Kommunikation. München, 1982.

Spitz, René: Die Entstehung der Objektbeziehungen. Stuttgart, ^{3}1973.

Willi, Jürg: Die Zweierbeziehung. Reinbek, 1975.

Zink, Jörg: Wie wir beten können. Stuttgart, 1970.

Zorn, Fritz: Mars. Frankfurt/M., 1983.